# 超譯尼采 II 權力・意志

# 關於本書的主軸

前作《超譯尼采》的主軸為「自尊」、「享受人生的歡愉」以及「超越克服自我」。

《超譯尼采II》的主軸則是「創造人生」、「接受苦難」與「追求崇高意志」。

所謂「創造人生」，就是靠自己的雙手創造屬於自己的生活。也許不少現代人認為就算不刻意創造，一天也會自動流逝。

每天走同一條路，去同一個地方，做同樣的事，完成一成不變的工作，相信不少人都是過著這般重複的循環人生吧！沒有任何懷疑，迴避可能遭遇的風險，不想擔負重責大任，只求過著平凡安定的人生就很滿足了……

但真是如此嗎？現實中真的存在著如此備受呵護的人生嗎？就算有，也只是幾個小時的錯覺罷了。

一如我們所知，現實中的人生一點都不安穩。

人生是流動的，不但會搖晃、不安穩，還有讓人起起伏伏的波浪。心情尚且會影響一個人的食欲，更何況是生活與人生。

尼采捕捉到這股不安穩，並稱其為生存的本質，然後置換成比較積極的字眼，那就是德文的「*Werden*」。

這字眼通常用於形容人事物如何改變、轉換、成長、改變態度等意思，在與尼采相關的翻譯著作裡，通常會將這字眼翻譯成「生成」。

我們每天的生活就是一天天的生成，無論是努力、頹廢、創造、懈怠、退化、獲得、喪失、愛、捨棄、培育、扼殺……即便停滯也不可能漫不經心地持續著，因為人生是流動的，這就是現實人生。

所以我們能做的就是憑藉自己的決斷，朝向自己的目標，積極創造自己的每一天，自己的生存方式，也就是不斷地創造自己。因為活著就是這麼一回事，細胞在沉默時依舊持續著生與死的創造。

所謂「接受苦難」，如同字面意思，就是接受人生的苦難。只要還活著，苦難就不是災害，也不是懲罰，而是人生在世一定會伴隨而來的東西，所以你能做的，就是接受這種必然的到來。

當你接受苦難，設法克服時，自身就會改變。「脱離」過往的自己，四周風景就會變得不一樣，看待事物的觀點也會變得不一樣，甚至連感觸也不同。因為你透過生成的一個過程，蛻變出全新的自己。

當我們想要創造什麼，完成什麼，一定會遇到苦難與阻礙。若不設法克服這些苦難和阻礙，便無法創造任何東西，好比世上沒有一位天才沒經歷過苦難的磨練。

苦難培育一個人，激發生存的勇氣。苦難是想活得強大的人在生成過程中必得的恩惠。

所謂「追求崇高意志」，就是竭盡心力，發揮自身能力的意志。不是為了做給別人看，而是為了自己，盡情揮灑心中的孤傲與積極心。

若一心企求更多，只是為了滿足世俗貪念，自甘墮落的話，那麼追求崇高意志便成了一顆遙遠彼方的冷星。

在生成的過程中是否追求更高遠的目標，端看個人選擇。若不想追求任何目標，便只能隨波逐流，不斷被世俗的濁流翻弄；若追求安逸的話，結果就是墮落，步入衰敗一途。

只想永遠留在曖昧的緩衝地帶是不可能的，為什麼呢？因為一如前述，現實人生是不斷流動、生成的，本來就沒有什麼緩衝地帶。要是不做出任何決斷，便只能隨波逐流。

此外，追求崇高的意志必須要有攀登崇山峻嶺的決心與努力，種種的苦難除了促使自我成長，也能讓你得到更多快樂。

這樣的快樂除了肯定人生的價值，也肯定這世界發生的所有事與存在，尼采稱此為「神聖的肯定」。

尼采並非總是以批判性的思維看待任何事，在其著作中不時地可窺見他那纖細的感受性。

在此引用幾則已出版的相關尼采著作「《生成的無辜》原佑／吉澤傳三郎翻譯」的譯文。

「抱著虔敬的心與飢餓的同時，讓我醒來的是村塔正午的鐘響。」

「猶如假日時照在小鎮路上的陽光般，睡個好覺便覺滿足。」

「那是冬末春初，白雪融化時，深谷的蒼白顏色。」

「我們的溫和風土就是得到清福與充實，陽光普照的閒適十月天。」

「漫步林中溪畔時，迴盪在我們念頭中的旋律，聽起來就像是諸多強勁有力的震動聲。」

尼采每天都會從租屋處走到附近一間飯店餐廳用午餐，用完餐後再散步至傍晚，這些文句就是那時殘留在他心中的風景。

根據當時人們留下的書簡與紀錄，尼采是個很溫和的人，說話不疾不徐，舉止有禮。但相較於世人對他的印象，另一方面的他有顆潔癖的心，懷抱著決然與熱情，凝望著遠處的山峰。

二〇一二年七月　白取春彥

# 超譯尼采 II　目錄

# 目錄

## I 生　一個有膽識的人，擁有所有價值

## II 愛

## 渴望被愛的人，恭敬地將「被對方包裝好的自己」贈與對方

## III 己 擊敗敵人最好的方式，是做到他做不到的事

## IV 言 每一句話，沒有例外的，都帶著先入為主的觀念

## V 人作一個真正的強者，讚美敵人的勝利

## VI 知 在每個人的心底都有個堅不可摧的念頭

## VII

## 世人看不出你的本事？說真的，那是別人的損失

## VIII 美 醜陋跟美好的最大區別在於生命力的強度

# I

# 生

über das Leben

一個有膽識的人，擁有所有價值

# 001

奇蹟不是可以等來的。

## 停滯不前，只會終結你的人生

為何總是原地踏步？究竟在等待什麼？是在等誰過來拉你一把嗎？茫然等待不知何時才會到來的幸福？還是等著哪一天收到來自神與天使的祝福？以為只要耐心等待，就會有人奇蹟似地助你逃離困境？

停滯不前只會終結你的人生，你能做的就是堅強面對挑戰。才能活出最充實、最精采的自己。

『生成的無辜』「查拉圖斯特拉如是說」

# 活出真正的自我

無論現在還是未來的每一刻，告訴自己永遠都能活出真正的自我。

『生成的無辜』「查拉圖斯特拉如是說」

## 002

無時無刻都要作自己。

# 工作讓你成為強者

全心投入工作的人，才是真正的強者。

因為他們不管遇到任何事都不會猶疑、慌張、退縮、動搖、不安、怯弱。

藉由工作鍛鍊心靈與人格，成為不凡的強者。

『愉悅的知識』

# 閒暇時，再思考你的人生吧！

思考人生是件好事，但這是閒暇時才該做的事。

平常應專心工作，盡力做好自己該做的事，設法解決遇到的難題，鞭策自己活得更腳踏實地。

『生成的無辜』「關於尼采自身」

## 004

思考人生不是現在最應該做的事。

無奈的事情很多，不面對只會愈來愈多。

# 誠懇面對必然的無奈

活著就必須面對許多必然的無奈，人際關係、付出、麻煩、解決問題、勞苦、竭盡心力、依戀不捨、爭執、離別、變故、失去等。

你可能因此退縮，也可能做得過火，但唯一能做的，就是接受每一件必然的無奈，誠懇面對。

這樣一來，看似沉重的事也會變得雲淡風輕，轉化成力量。

『生成的無辜』「關於尼采自身」

# 生存的力量

什麼是生存的力量？

那是一股不單是活著，還要活得昂然的力量，也就是不斷創造的不滅能量。

那也是融合愛、創造與認知的力量。

『生成的無辜』「查拉圖斯特拉如是說」



活著有很多形式，你活得抬頭挺胸嗎？

# 耽溺過往只會束縛你的心

若只是偶爾緬懷過去倒也無妨，但千萬不要耽溺過往。對過往依戀不捨只會束縛你的心，迫使你無法了解人生遭遇的各種新價值與意義。

『生成的無辜』「查拉圖斯特拉如是說」

# 大自然教導我們的事

大自然並非漫無目的地存在，大自然是偉大的老師，教導我們許多事。
重重障礙與苦難是為了讓我們學習克服、蛻變重生而存在。

『生成的無辜』「查拉圖斯特拉如是說」

# 正視大自然的力量

正視大自然的力量，大自然並不會要求什麼。
然而，大自然卻一定能達到目的。

『生成的無辜』「道德哲學」

# 挑戰是人生永遠的課題

年輕人啊！你渴求成功的人生嗎？渴求身分地位嗎？那你能做的就是挑戰、挑戰、不斷挑戰。

即便失敗多於成功，挑戰百次又算得了什麼，因為這就是你的人生課題。

正因為人生充滿挑戰，才能證明自己活得踏實。

所有痛苦與掙扎只會讓你遠離畏怯與退縮，甚至帶給別人勇氣。

『生成的無辜』「道德哲學」

## 011

# 別讓自己活得小家子氣

你自以為活得堅強又有膽識。
其實常為一點小事生氣、苦惱、愁眉不展。
自以為安定的生活就是最好的生活，視節儉、安穩是種美德。
不覺得自己活得很小家子氣嗎？

『生成的無辜』「道德哲學」

## 憂患生力量

盡可能讓自己遠離苦難與煩憂的結果，只會削弱與生俱來的力量。

要像以登頂為目標的攀岩者一樣，唯有克服苦難，才能提升自我能力，而煩憂是讓你邁向人生巔峰的捷徑。

『生成的無辜』「道德哲學」

012

走進苦難中是獲得力量的唯一捷徑。

# 不思改變只有步入毀滅一途

高舉民族旗幟的人們，若只會緊抓著老祖宗傳承下來的道德、宗教、傳統與舊規，只會讓自己變得冥頑不靈，緊閉與其他民族溝通的門扉，以至於孤立無援，終至腐朽、毀滅的境地。

人也是如此，不知求新求變，隨時保持一定的視野高度，只有被淘汰一途。

『生成的無辜』「文化」

# 催生活力的好東西

只要是能催生活力，激發出正面力量的東西，就是好東西。

即便是一本書寫死亡的書，或是違背世俗的書，只要是好東西，就能成為我們活下去的養分與興奮劑。

『人性的，太人性的』「各種意見與箴言」

014

甭管別人怎麼說，抓住任何會讓你活力四射的東西。

# 人生不具有任何形式

人生不具有任何形式，無法繪成一幅畫，也無法寫成一首詩。就算藝術家們試圖描繪人生，根據的還是自己的素材，屬於個人的東西，無法將所有人的人生都禁錮在一定形式中。

之所以無法用任何形式、任何聲音、任何想像來表現，是因為人生來自於不間斷的流動與變化所「生成」的。

而這樣的「生成」就是我們活在現實的證明。

『人性的，太人性的』「各種意見與箴言」

016

體驗是一種過程，而過程怎樣都比結果重要。

# 別讓人生淪為走馬看花的旅程

你在畏懼什麼？放膽體驗人生吧！別讓人生淪為走馬看花的旅程。
用你的心和身體，盡情體驗人生吧！然後讓這些體驗成為自己的東西，
不，應該讓「體驗」用到一滴都不剩。
因為人生就該是深刻又精采倍至的旅程。

『人性的，太人性的』「各種意見與箴言」

# 別被加諸身上的光環沖昏頭

得到別人的讚賞固然是件開心的事，但千萬別忘了一個事實。別人讚賞的你，是處在他人築好的光環中。今後，你必須靠自己的力量築一個更璀璨的光環，表現得更活躍才行。

『人性的，太人性的』「各種意見與箴言」

# 成長讓你明白更多美好的事物

鞭策自己成長吧！朝向更高遠的目標，永不止息地成長。

作為人，作為生存者，作為培育者，廣納知識，深入體驗，懂得愛與付出，接受苦難，鞭策自己不斷成長。

這麼一來，才能明白以往不屑一顧的事物有多麼美好。

總之，先以此為目標，鞭策自己成長。

『人性的，太人性的』「各種意見與箴言」

018

當不屑一顧的事情變美好的時候，表示你長大了。

## 操之過急只會誤事

再怎麼亟欲突破，再怎麼心急如焚，還是不能操之過急。

無論你多想成為有頭有臉的大人物，名聲顯赫的學者，窮究美學的藝術家，即便機會已經來到眼前，還是不能操之過急。

即便立刻到手的東西看起來多麼氣派偉大，切合自己的目的，但別忘了，輕易到手的東西往往也很容易失去，唯有先磨練自己，否則永遠無法牢牢掌握任何東西。

磨練的過程中一定會遇到艱難、苦惱、貧乏、失意、奮力一搏，克服困難就是唯一的方法。誰都不願遭受苦難，但真正想得到的東西就在苦難的盡頭。

『人性的，太人性的』「漂泊者及其影子」

# 衰敗的魅惑

遠方西沉的暮光，輕拂肌膚的風，黃昏時的靜謐，這是多麼撫慰人心的美景。

沉浸於誘人美景的你，自以為是個博學多聞的老者，自以為是個完美的人。

竟不知這樣獨特的凋零氛圍，還有天鵝絨般柔軟的言行舉止，可以是精神已經衰弱老朽的警訊。

『曙光』

020

殘陽靜暮是一種衰敗的美麗，別讓它捕捉你的心。

# 死不可怕，可怕的是失了活力

你看蝴蝶。
從來不去想自己的生命已到盡頭，
那美麗脆弱的翅膀毫不擔憂即將來臨的冷夜，依舊生氣勃勃地飛舞在花叢間。

『曙光』

# 不要回顧來時路，繼續走向無人能及的境地

不要停下你的腳步。

不要因為已經走到一個目標，就安心地回顧來時路，你必須繼續往前走。

不要因為身後沒有跟著任何人，看不見夥伴好友的身影，只剩自己孤身一人而惶恐畏懼。

別忘了能走到這裡來的只有你，但別得意自己已經走到終點，因為沙漠無垠，你能做的就是繼續走向無人能及的境地。

『曙光』



你自以為拋下了誰嗎？他們正在你身後追趕著呢。

每個人都有一段用慘綠、挫敗不已織成的甜美回憶。

# 青春本來就是一連串痛苦的養成

無論身處哪個時代，青春都是一連串痛苦的養成。

怎麼說呢？明明身強體壯、精力旺盛，工作與人生卻還處在徘徊階段，沒有成熟大人般穩固的生產力，充滿困惑與挫敗感，毫無信心，面對前途只有一片茫然。

都是因為正值青春的你，還感受不到大人們給予的包容，正守護著你的不安。

『人性的，太人性的』

# 死刑是一種極精準的脅迫手段

無論是哪一種方式的死刑，都比殺人來得叫人膽寒，因為死刑根本就是一種極精準的脅迫手段。

就算強制一個活著的人步入死亡之途，任何再周密的死刑，事實上都無法消除一個人身上的罪孽。

『人性的，太人性的』

## 024

死亡，無法抵銷任何罪過。

用對方法，誰都不能說你是強求了。

## 轉換心態才能發現更好的東西

你是否有強求不到的東西？千萬不要輕言放棄，否則永遠都別想得到。如果還是得不到呢？那就只能設法轉換心態，用另一種方式追求你想得到的東西。

總有一天，一定能找到超乎你所想像，更璀璨、更美好的東西。

『愉悅的知識』「玩笑、欺騙與報復」

# 做自己的嚮導

走在別人鋪好的路上一點意義也沒有。
也不要隨波逐流，一味勉強自己迎合別人。
試著在一片荒漠中開拓自己的路，做自己的嚮導，堂堂前行就對了。

『愉悦的知識』「玩笑、欺騙與報復」

乞求而來的永遠是別人的東西。

# 別抱著只想撿現成的心態

別雙手合十，擺出一副懇求的模樣，別一心想著不勞而獲，別以為自己就該得到一切。

抱著只想撿現成的心態，就算得到了，也永遠不會成為自己的東西。

不如靠自己的力量奪取。

『愉悅的知識』「玩笑、欺騙與報復」

# 不思長進，永遠只能當別人的墊背

只想和熟識的人混在一起，重複做些早已摸熟的事，永遠只能當別人的墊背，看著別人步步高升。

因為只想過著安逸的人生，所以甘願當別人的墊背。

『愉悅的知識』「玩笑、欺騙與報復」

你開始感覺到自己老是扮墊背的角色嗎？

029

遇到折磨你的人只有兩種選擇：要不屈服，要不當個強者。

## 毒藥反而是強心劑

人生在世一定會遇到各種阻礙。

遭人憎惡、嫌棄、阻礙、嫉妒、陷害、不信任、貪欲、冷漠對待，甚至是卑劣的暴行，或是可怕的利誘，於是有些人乾脆選擇屈服。

也有人視這些阻礙是讓自己茁壯的肥料。對他們來說，種種阻礙與不合理非但不是毒藥，反而是讓自己成為強者的強心劑。

『愉悅的知識』

# 死神離我們並不遠

別再限制瀕死孩子的欲望，盡量滿足他的要求吧！因為他隨時都會走到生命盡頭。

仔細想想，我們不也是如此嗎？不知何時會與死神打交道。

『生成的無辜』「譬喻與形象」

必然會發生的事情，一定有它發生的道理。

# 接受必然會發生的事

相信命運之愛也是我的道德觀。

不否定所有必然會發生的事，乾脆地接受一切，就會愛上這些必然會發生的事。

無論發生任何事，我都不會退縮，勇敢面對。

因為我想活得完美，用最後的愛面對必然的命運。

『生成的無辜』「關於尼采自身」

# 人生有苦有樂

人只能活在苦樂交雜的人生中。
如果只有苦，人就無法活下去。
如果只有樂，就感受不到真正的樂。

『生成的無辜』「哲學家」

032

「苦」相對於「樂」且相互依存，是必要的存在。

033

偶爾自我放逐到遙遠的地方，獨一無二的你就會出現。

## 漂泊也是一種體驗人生的方式

人生本來就是一場漂泊之旅，在漂泊中摸索生存的意義。

而且不能只在平野漂泊，必須跨越重重高山峻嶺，度過漆黑暗夜，跋涉過泥沼險灘，在淒冷的星空下獨行。

唯有如此，才能體驗各種事。

體驗獨一無二，只屬於自己的人生。

『查拉圖斯特拉如是說』「漂泊者」

# 唾棄那些自以為是的小聰明

唾棄那些自以為是的小聰明，才能明白什麼叫大器。

勤勉、賢明、理性、安定的生活、效率、舒適、長壽，唾棄這些人們自以為最平常、最幸福、最公平、最能滿足自我的欲望吧！

活得小里小氣之人，永遠只能過著最拘謹的人生，若不想活得如此卑微，那就勇敢踐踏那些無聊的智慧、卑微狡猾的道德。

如此才能活得出類拔萃。

『查拉圖斯特拉如是說』「關於高貴的人」

034

任何標準都存在狡猾的一面，先認真的人就活得卑微了。

# 別給欲望貼上標籤

滿足欲望是出於本能，一種必然的行為。
我們卻習慣給欲望貼上宗教、道德、成熟行為、社會倫常等各種標籤。然後以此制定善惡是非的規範，一旦觸及規範，就會質疑自己的欲望，迫使原本簡單的事變得非常複雜。

『生成的無辜』「道德哲學」

# 琢磨才能的三樣工具

璞石不經琢磨無法成為耀眼生輝的寶石。同樣的，即便擁有傲世的才能，沒辦法充分發揮表現，也就毫無意義了。毅力、耐心與體力就是琢磨才能的必要工具。

『人性的，太人性的』

036

持續力可展現傲世的才能。

037

不用冀求沒有苦難的人生。

## 苦難是人生送你的一件禮物

人生不如意事十之八九，不可能永遠都是喜劇，不要怨嘆自己的命運悲苦，而要尊敬帶來各種磨難的人生。

試想有哪個將領會笨到故意派遣菁英部隊去對付殘弱的敵兵呢？所以苦難是人生送你的一件禮物，促使你的精神、心靈、生命力越來越強韌。

『偶像的黃昏』「某個反時代之人的游擊」

# 掙脫窠臼的牢籠

餐宴有餐宴禮儀，但一個人的思想感覺可沒有規則可循，所以沒必要任何事都跟著世俗走，也沒必要刻意迎合周遭人。

世人總是喜歡編造一些束縛人心、似是而非的公式，要求別人遵循既定的規則。若你默認一切，選擇接受一統化的思想與態度，那麼就算活著也只是一具行屍走肉。

無法斷然掙脫窠臼的牢籠，便永遠享受不到真正的自由。

『人性的，太人性的』

# 攻頂的訣竅

如何才能攻頂？
就是靠自己的雙腳攀登。
而且不要邊攀登，邊滿腦子想著攻頂，也不要回頭細數來時路，踩穩腳下的每一步就對了。
對於一心向上的人來說，這道理適用於任何情形。

詩『向上』

# 膽小怯弱的藉口

每一條魚的藉口都一樣。
「海深無底，完全不知海底有多深。」
這是膽小怯弱的雜魚們給自己游不到海底的藉口。
我們不也常常因為同樣的理由，說了跟魚一樣的藉口。

詩『舞之歌』

040

充滿未知數的前方，才有探索的樂趣。

孩子的心充滿創造力的「肯定」。

## 創造是一種討自己歡心的遊戲

想要創造的人，不妨向幼兒看齊，因為幼兒的行為模式裡藏著創造的祕訣。

幼兒沒有意圖與期待，也不會想藉由創造得到什麼。

對幼兒而言，每一樣都是新的開始，不逞強，不汲汲營求，視創造也是一種遊戲。

不依賴他人，主動摸索，沒有成敗論，視每樣東西都是能讓他們歡心的寶貝。

所有東西都能成為他們創造的素材，他們也肯定所有素材原本的樣貌，當然更肯定自己創造的東西，那是一種再神聖不過的「肯定」。

『查拉圖斯特拉如是說』「關於三種變化」

# 人生的意義操控在自己手裡

那些為了探索世間真義、人生意義、自我價值而四處旅行的人，到頭來就像兩手空空行走於沙漠般，反而迷失了方向。

意義不存在於任何地方，也不隱藏在任何地方，其實根本從未存在過，但世間與世人並不會因此而變得空虛。

因為只有自己能決定意義是什麼，意義為何物。

只要活得生氣盎然，人生就充滿光輝的意義；相反的，活得晦暗無趣，即便是盛夏的正午也是烏雲密布。

『權力意志』

# 越挫越勇才是真正的勇者

你問：「什麼是值得誇耀的事？」

既然開口問了，那就回答你吧！值得誇耀的事就是你夠勇敢。

勇敢能帶來所有價值，唯有勇敢的人才能拓展新生活、嶄新的世界。也只有勇敢的人才能克服萬難，高喊勝利。

年輕朋友！拿出你的膽識吧！越挫越勇才是真正的勇者。

『查拉圖斯特拉如是說』「關於戰爭與戰士們」

# 轉機往往來自一個念頭

你是否面對所有事情，都是一副無可奈何的態度？拚命幫自己找藉口，輕易地選擇放棄？結果就是一再錯過，成了岸邊被沖刷的小石頭。

或者，你能將所有事情置換成自己的想法、自己的意念，抓住所有可能的瞬間，演繹自己想要的人生。

殊不知轉機往往來自一個念頭。

『查拉圖斯特拉如是說』「關於救濟」

044

你找「機會」的時候多，還是找「藉口」的時候多？

# 行為決定命運

創造自己的命運並不是可怕的東西。

無論你選擇做或不做，堅持完成或中途放棄，毅然守護或斷然拋棄，甘願接受或選擇逃避，你的行為決定了命運的走向，決定人生要以何種形式呈現。

所以，你做的每一件事，就成為自己選擇的命運，也關係著未來的命運。

『哲學家之書』「意志的自由與命運」

# 當下的選擇才是最重要的

眼前發生一件事。

你是選擇站得遠遠的，旁觀一切呢？

還是走過去，參與其中呢？

抑或是別過臉，悄悄地快步離去呢？

一直以來你都是如何面對？今後又該如何面對？更重要的是，當下你選擇如何面對？

『偶像的黃昏』「箴言與箭矢」

哪怕是一點點猶疑，有一天會變成全盤否定。

# 相信自己的工作是最棒的工作

如果想要樂在工作，精進工作，就必須相信這工作是世上最有魅力、最有意義的工作，只要有一點猶疑，這一點點猶疑就會逐漸擴大。

女人對待男人也是如此，相信親密愛人的魅力無人能敵，才能愛得長久，愛得堅定。

『人性的，太人性的』

# 只會緬懷過往的人，永遠達不到目標

很多人勤勉而努力地走在自己選擇的道路。但真正努力達到目標的人卻很少，因為大多數人習慣抱著緬懷過往的心，看待自己訂立的目標。

『人性的，太人性的』

048

以為自己很努力卻達不到目標的人很多。

# 你能做的就是順從自己的心

一天之中，總有想積極做些什麼的時候。

這時不該窩在陰涼處看書，應該充滿氣魄地付諸行動，比昨天的你更積極面對人生。

待夜晚疲累時，再舒舒服服地坐在燈下看書吧！

『生成的無辜』「譬喻與形象」

II

# 愛

über die Liebe

渴望被愛的人，恭敬地將「被對方包裝好的自己」贈與對方

# 具有創造力的愛，才能成為引導一切的舵手

讓愛引導自己的心。
只有愛能拉直、修復、調整、激勵扭曲的東西。
真正具有創造力的愛，才能成為引導一切的舵手。

『生成的無辜』「查拉圖斯特拉如是說」

# 過度強烈的愛，只會讓你陷入深淵

愛得強烈絕對不是什麼好事，也稱不上純愛。當你強烈愛著某個人，只能說是無限膨脹自我私欲的行為。

這種私欲是一股狂念，深信只有對方才能回應自己的熱情，只有對方才能拯救陷入愛情深淵的自己。

若得不到對方的回應，就會苦惱萬分；即使得到對方的回應，等到的也只是幻滅與無止盡的欲求不滿。

為什麼呢？因為比起對方能給予的愛，你的激情以及瘋狂的要求早已強烈到超乎現實。

『生成的無辜』「認識論／自然哲學／人性學」

051

強烈的愛不過是一種無止盡的索求。

# 以愛為出發點的行為

所有以愛為出發點的行為不是道德行為。
而是宗教行為。

『生成的無辜』「道德哲學」

# 愛是一座無形的橋

喜歡對方與自己不同的生活方式，喜歡對方與自己截然不同的見解，這就是愛。

愛是一座無形的橋，串聯彼此的差異。

而串聯自我內心正反想法的橋是一種自愛。

這就是「愛一個人」的表現。

『人性的，太人性的』「各種意見與箴言」

053

愛一個人要築一座連結差異的橋。

「愛」不會有好的或壞的分別。

# 愛存在於善惡的彼岸

什麼是善？什麼是惡？雖然我們是用腦子思考這些事。但人是靠著身體而活，而愛是屬於身體的一部分。

所有愛的行為都無關善惡，因為人類來到世上時，尚無善惡之分。

因此，所有愛的行為都存在於善惡的彼岸。

『善惡的彼岸』

# 愛具有挖掘人性光輝的力量

真正享受到愛的人，會一點一滴確實地改變。
因為被愛，因為深藏在愛裡的那股力量激發出一個人深埋心中，從未展現的優點，那是一種高潔的人性，一種身為人的光輝。
所以愛具有挖掘人性光輝的力量。

『善惡的彼岸』

# 見異思遷的愛

明明渴求到不行，得手後卻失去熱情與興趣，棄之如敝屣，隨即又渴求其他類似的東西。

你確定自己愛那東西嗎？

有，但那是只愛自我欲望的心。

『善惡的彼岸』

# 主動去愛與渴望被愛

主動去愛的人，會將原原本本的自己給對方。
渴望被愛的人，則是恭敬地將被對方包裝好的自己贈與對方。

『生成的無辜』「女人／結婚」

058

愛自己比愛別人難。

# 先學會愛自己

如同《聖經》所言：「愛鄰人，如愛自己。」
但前提是，必須先學會愛自己。
學會不輕蔑自己，好好地愛自己，先珍重這樣的自己。

『查拉圖斯特拉如是說』「關於微小的道德」

III

# 己

über die Selbstheit

擊敗敵人最好的方式，就是做到他做不到的事

# 訂立超越自己的目標

你打算將自己的目標放在哪個地方？是仿效別人的目標？還是稍微加把勁就能手到擒來的目標？抑或是充滿幻想的目標？

不管是哪一種目標，都必須放在超越自己的地方，而且還是能夠繼往開來的目標。

『生成的無辜』「查拉圖斯特拉如是說」

## 彰顯自我不是什麼羞恥的事

清楚說出自己堅信的價值觀與主張吧！

無論是信念還是自我意志與熱情，全都明明白白、毫不掩飾地用誰都聽得懂的話語說出來吧！沒什麼好羞恥的。

膽小之輩、卑鄙的傢伙、投機份子、軟弱的傢伙、莫名其妙的傢伙、一味模仿別人的跟屁蟲，只有這些毫無中心思想的傢伙才會連彰顯自我的勇氣都沒有。

『生成的無辜』「道德哲學」

060

# 缺點是鞭策自我的良師

每個人都有缺點與弱點。絕大多數的人都很厭惡也不想正視，更不願別人盯上自己的缺點與弱點。

其實缺點與弱點是鞭策自我的良師。

因為缺點與弱點教導我們應該克服什麼，改正什麼，甚至發現自己的優點，了解自己的個性。

『生成的無辜』「心理學的各種考察」

# 所有體驗都是環環相扣而生成的

你是否想再吟味曾讓自己感受到無上幸福的體驗？想再嘗試曾經遭遇過的特殊體驗？那麼你所能做的就是重拾過往一切經驗。

因為每一項體驗都不是偶然獨立的存在，而是與其他體驗緊密相連而生成的。

『生成的無辜』「查拉圖斯特拉如是說」

# 身處群體中的你，很容易喪失自我

每個人都會用自己的方式理解事情，做出判斷。因為我們認為自己有自己的想法，別人也有別人的想法。

然而一旦融入群體，成為組織的一員時，卻不知不覺喪失了理解力與判斷力。因為身處群體中的你，早已被群體的思維與判斷給完全馴服了。

『生成的無辜』「心理學的各種考察」

# 只有缺乏自信的人，才會等著別人來愛

有些人寧可等著別人來愛，也不想積極去愛人。

為何寧願等別人來愛呢？說穿了就是缺乏自信，懷疑自己，對自己抱持強烈的不安。

才會想藉由別人的愛，安慰自己保持現狀就行了。

『生成的無辜』「心理學的各種考察」

擊敗敵人最好的方式，就是做到他做不到的事。

# 最棒的搏鬥方式

搏鬥中的你，眼中是否清楚映著敵人的模樣呢？你曉得敵人會採取什麼攻勢嗎？

敵人的唯一目的就是將你擊倒在地，所以勢必會這麼說：

「這種事根本毫無意義、價值可言，可笑至極，一點用處也沒有。」

敵人之所以說出這一番話，就在等著我們畏怯退縮，喪失自信與氣力，因為他們只是一群虛張聲勢的傢伙。

所以我們一定要和敵人絕對做不到的事搏鬥。

那就是造就自我，創造屬於時代未知的新價值。

『生成的無辜』「道德哲學」

# 只要不設限，你實現的理想會比想像中更高遠

你還不曉得自己究竟擁有多少力量。
雖然一步步朝著自己的理想邁進，但這理想不該是終點。
你所擁有的力量絕對超乎自己的想像，能讓你飛得更遠、更高。不自我設限，你實現的理想會比想像中更高遠。

『生成的無辜』「道德哲學」

066

你以為是最後底限了，可底限之下總還有底限。

# 身為作者的目標

我寫書時有個目標，那就是閱讀這本書的人，會心生不由得想踮起腳尖般的興奮之情。

『生成的無辜』「音樂／藝術／文學」

# 每一個行為造就自我

我們所做的每一個行為，都是在造就新的自我，不斷地改變自我。無論是思考什麼？選擇什麼？抱持什麼樣的感情？相信什麼？恐懼什麼？輕蔑什麼？偽裝什麼？想做些什麼？或是不想做些什麼？

這些生存方式與行為不斷地造就自我，改造自我。不只要改變自己的心意與人性，也要改變自己的身體。

現在的自我就是改變之後的結果，而後的每一個行為造就的就是明天的自我。

『生成的無辜』「道德哲學」



去意識一下，你正在思考、正在感覺、正在判斷，正在改變。

# 有能力者的盲點

有能力者因為堅信自己很有能力，反而過於依賴能力，耽溺於現有的規模，也就不會想拓展自己的能力。

但只要能自覺到心中潛藏的種種缺陷、疏漏、幼稚、苟且的心態，就會發現自己不該只有這樣的格局。

唯有認清現實，接受事實，才能不間斷地自我革新。

『人性的，太人性的』「各種意見與箴言」

## 改變能讓你與眾不同

克服艱難、克服原以為跨不過的門檻，脫離過往的自己，體驗新的黑暗與光芒，徹底改變自己吧！

這麼一來，你會發現，周遭那些從來不思改變的朋友，看起來就像眼光短淺、幼稚不堪的百年幽靈，他們說的話是那麼不切實際，模稜兩可。

相反的，不斷克服自我、超越自我的人，永遠都能展現與眾不同的自己。

『人性的·太人性的』「各種意見與箴言」

從一件以為不可能做到的事開始做，那將徹底改變你的視野。

# 你所擁有的，遠比你知道的還多

其實我們擁有很多東西。不，應該堅信我們擁有很多東西，只是從來沒有意識過自己究竟擁有什麼。

試著想像自己身上的一切全被奪走吧！錢財、家與土地、親戚好友、頭銜、工作、名聲、年輕、健康，一切的一切全被奪走。

這麼一來，還剩下什麼呢？剩下的是沒有人能奪走，只屬於你的東西，感性、能力、熱情、希望，還有很多很多。

明明什麼都沒了，卻覺得更豐富，不是嗎？這就是今後你應該好好耕種的肥沃土壤。

『人性的，太人性的』「各種意見與箴言」

# 事實如何發展，端看自己的掌控

事實永遠存在，你只能選擇面對。當你開始對事實有了想法，事實就有了價值與色彩。

也就是說，如果你傾向負面思考，事實就會變得很糟糕，要想扭轉不好的情況不是一件簡單的事，畢竟是你自己造成的。

相反的，如果你採取正面思考，事實處理起來便容易多了。

『曙光』



你發現了事實；面對它，就容易些；逃避它，就糟糕了。

## 作一個巧手改造自己的園藝師

園藝師會不時修剪樹木與籬笆。

修剪多餘的葉子，弄成自己喜歡的形狀，讓植物每個部分都能曬到陽光；摘除多餘的發芽，只留下新鮮的嫩芽。而虧得這樣的細心呵護，樹木才能蒼鬱挺拔，花兒才能盛開，秋日才能結出甜美的果實。

所以我們也要效法園藝師，好好處理內心源源冒出的任性與衝動，用銳利的剪子，修剪如閃電般的憤怒、滿溢的情感、卑鄙的意圖，以及逢場作戲的虛榮心。如此才能活得自由自在，不受任何人左右。

「曙光」

無法壓抑任性與衝動的你很正常，而修剪它們才能真的不被脅持。

# 美化自己的弱點與貧乏

每個人都有弱點與貧乏之處，如果只是拚命隱藏，羞於面對，永遠也改變不了它們存在的事實。

何不效法園藝師呢？若庭院裡只有一彎流水，只會讓庭院看起來更加寒酸，巧手的園藝師會擺上妖精人偶美化一番，讓潺潺流水變成從妖精手中溢下的湧泉。

所以，當個巧手改造自己的園藝師吧！

『愉悅的知識』



拜託，別以為把弱點藏起來就沒人找得到。

# 並不是事情有趣，而是你樂在其中

有人對朋友說：「這件工作實在太有趣了。」也有人說：「划著小船溯溪最刺激了。」

有人說：「一旦領略到俳句的深奧，無論是誰都會深深著迷。」也有人說：「跑步能讓身體感受到真正的喜悅。」還有人說：「以前的我是個家事白癡，原來沒有我想的那麼難嘛！」

我們都以為自己的開心，是因為事情很有趣，事實上，並不是事情有趣，而是你樂在其中。

『人性的，太人性的』

# 不願面對自己的問題，讓你心生不滿

如果你心中對別人、對世間有諸多不滿，何不好好地審思自己？搞不好你對自己的現況有更多不滿。

正是你不敢正視這些不滿，寧可矇蔽自己，推諉給別人和世間，自以為這麼做就能落個輕鬆自在，其實不然。

只有先把不滿擱在一旁，誠實面對自己的問題，想辦法解決才是正途。就算無法順利解決，只要肯面對就有解決的一天。這麼一來，對於別人與世間的不滿也就蕩然無存。

『人性的，太人性的』

# 趁年輕找到通往理想的道路

人應該要有理想，懷抱一個屬於自己的理想，而且最好趁年輕時找到通往理想的路。

如此才會心生自律，塑造自己的道德觀與節操，也才能活得踏實。

『善惡的彼岸』

# 不願坦承面對別人，是因為不敢率直面對自己

讓別人看到最真實的自己，毫不掩飾地表露自己的想法與情感，其實沒那麼難。

只要你肯誠摯率直地面對自己。

『生成的無辜』「心理學的各種考察」

078

坦率一點，對自己、對別人都好。

# 孤獨是為了秉持公正

公正就是對於任何事、對任何人都要保持一定的距離，而且要維持這樣的距離，無論是對於親密的人、討厭的傢伙、深愛的人，還是自己。

也許人們會說，這是一種孤獨者的人生態度。

『生成的無辜』「關於尼采自身」

# 自由的證明

我明白，你想活得自由，是吧？只要活得自由就能盡情發揮，是吧？
那麼，自由是什麼？
你曉得什麼是活得自由的證明嗎？那就是不做會讓自己覺得羞恥的事。

『愉悅的知識』

真正的優秀，不在意別人是不是也這樣認為。

# 虛榮迫使你欺騙自己

虛榮心強的人，也就是愛慕虛榮的人，只在意自己哪裡比別人優秀。不管實質如何，只要自己在別人眼中是最優秀的存在就行了。於是，誤解就此產生。

過於虛榮的結果，只會迫使你連自己都欺騙了卻渾然不知。

『人性的，太人性的』

# 太多的顧慮讓我們無法率直表達自己

突然被別人詢問有何看法時，我們說出來的意見通常都很老套，為什麼呢？因為被詢問的瞬間，我們想不起自己真正的想法。

難道是我們過於健忘嗎？還是我們會自然劃分處於社會中的自己及原本的自己？還是我們都戴著面具，過著充滿演技的生活？抑或是純粹無法率直表達自己？

『人性的，太人性的』

# 輕蔑自己無疑是種慢性自殺

既然要做，就要竭盡全力去做，為了避免產生無法接受的結果，也為了不要輕蔑自己。

不盡全力去做，只想偷工減料，存著半途而廢的心態，結果就是讓自己的行為變得愚蠢至極，毫無價值與意義可言，無疑是種慢性自殺。

『偶像的黃昏』「箴言與箭矢」

# 關於寫書這件事

不是為了教導什麼而寫書，更不是為了向讀者誇耀自己有多棒而寫書。寫書是經由某件事，成功克服自己的證明，也是超越過往的自己，蛻變重生的證明。

絕非自我滿足，只是舉出一個克服自我的例子，在激勵別人的同時，也希望讓讀者能謙虛看待自己的人生。

『人性的，太人性的』「各種意見與箴言」

# 釋放心中一直被忽略的野性

沮喪嗎？疲累嗎？那就稍微休息一下吧！讓腦子停止運轉，什麼都不要想。

你該做的是活動一下身體，像動物般盡情活動身體。試著用皮膚感觸，用身體感受風和水，活動到連肌肉都發熱，盡情大叫，曬太陽，吟味夜晚的冷空氣，嗅嗅花草的芳香，大口吃、大口喝，然後舒服地閉上雙眼。

釋放心中一直被忽略的野性吧！潛藏在你體內的動物一定能讓你回復活力，帶來新能量。

『偶像的黃昏』「箴言與箭矢」

# 只有站得夠高，才能感受到真正的盛夏

你有屬於自己的盛夏嗎？
還是，你真的期望自己的盛夏來臨嗎？
那是如登上高峰般的盛夏，那是只有登上——高到連山頂都瞧不見的高山，才能迎接的盛夏。
那是屹立於只有白雪、鷲、還有死亡會知曉的山頂上，才能感受到的盛夏。

『生成的無辜』「查拉圖斯特拉如是說」

## 086

那是一個除了你之外，沒有別人到過的地方。

# IV

# 言

über das Sagen

每一句話，沒有例外的，都帶著先入為主的觀念

# 應該表現的時候，就不要選擇沉默

什麼時候該開口說話？
就是不該保持沉默的時候。
那麼，該說些什麼呢？
只要淡淡地說些你親手完成的事，還有已經成功克服的事。

『人性的，太人性的』

# 善用言辭，讓言辭散發迷人的香氣

無論怎麼將香氣與味道充分調和，調配起來就是不協調。同樣的，我們說出來的言辭也是各有各的獨特味道。有非常協調的言辭，也有怎麼樣都不協調的言辭。

明白這個道理，就能更敏銳地善用言辭，吟味言辭，讓言辭散發迷人的香氣。

『人性的，太人性的』「漂泊者及其影子」

## 088

懂得使用各種言辭的人，比較獨特。

089

不需要口出惡言，陳述事實更有殺傷力。

# 說出事實就是給對方致命的一擊

你究竟是為了什麼目的要誹謗、中傷對方？是為了傷害對方嗎？若是這樣的話，那方法很簡單。不必故意口出惡言，恣意謾罵，也不必誇大其辭，只要直截了當地說出事實就行了。

『生成的無辜』「心理學的各種考察」

# 言辭是創意人所插的旗子

活力十足的年輕人以及開創新時代潮流之人，總愛創造新鮮獨特的言辭。

這些言辭是他們對於挖掘出的新價值的誇耀，是展現他們的喜悅與感性所插的旗子。

『生成的無辜』「道德哲學」

091
每一句話，沒有例外，都有著先入為主的觀念。

# 為何無法坦率地傾聽別人的話

每句言辭或多或少都包含著先入為主的觀念與偏見。因為隱含的意思挑逗我們敏感的神經，動搖我們的心思，以至於無法坦率傾聽別人所言。

『人性的，太人性的』「漂泊者及其影子」

# 豐富的辭彙是拓展格局的利器

許多人自以為能言善道，能充分理解他人所說的話，能夠確實表達自己的想法。

其實真正用到的都是自己原本就會的辭彙，根本稱不上豐富。懂得的辭彙不多，表現出來的格局就只是一方小池。

要想壯大自我，擴展眼界，開拓自己的可能性，首先就是要讓自己的辭彙能力如大海一樣深廣。

『曙光』



能言善道的人，不一定就是辭彙豐富的人。

# 提問的技巧

要想溝通無障礙，就要問些對方容易回答的問題。若總是問一些對方還要深思，不知如何回答的問題，只會讓別人對你敬而遠之。

換句話說，人們只想聽些容易回答，或是早有既定答案的問題。

『愉悅的知識』

# 事實往往藏在謊言裡

說謊的人的舌尖根本藏不住事實。

為什麼呢？因為他們相信自己說謊時的口氣、技巧，以及細微的表現，能夠演繹出最完美的謊言，但從另一個角度看來卻是破綻百出的演技。

『善惡的彼岸』

095

不管你聽得再多，也比不上親自上陣。

# 沒有百分之百精準的溝通

就算道出所有心裡話，還是會有一言難盡的時候；就算再怎麼說明自己體驗到的事，還是會有意猶未盡的感覺。

這是理所當然的，因為言辭只能平均、中庸、粗略地傳達大概的意思，所以就算用再多言辭也無法完整表達。

聽者只能了解大概，再來就得透過親身體驗了解聽過的事。

『偶像的黃昏』「某個反時代之人的游擊」

V

# 人

über die Menschlichkeit

作一個真正的強者，讚美敵人的勝利

個性沒有能不能改的問題，只有想不想改的問題。

# 人不可能一成不變

每個人都有自己的個性，而且總以為個性一輩子都改變不了。但如果人類能活八百年的話，個性應該也會有所改變才是。

因為人活在世上只有短短數十載，短時間內表現出來的性情與言行，便成了外在的既定印象，成了代表一個人的個性。

只要回顧一路走來的人生就能明白這道理。為什麼呢？因為我們面對不同的人，就會表現出不一樣的言行。

所以人會隨著對象、機會的不同，時時刻刻都在改變。

『人性的，太人性的』

# 如果你對人生感到茫然

你是否懷疑自己，內心滿是不安？還是迷失了人生方向？
那就試著想像自己最崇敬的人吧！想像他的模樣。
因為他是你心中的一個目標，也是你該前進的人生方向。

『生成的無辜』「心理學的各種考察」



別一直用找不到目標來敷衍你的人生。

098

強勢不等於強大。

# 自以為是的強大，其實是冷酷

強勢的態度、措辭與言行，讓我們看起來很強大。

其實這只是我們一廂情願的錯覺，因為看在別人眼中，一切只有冷酷兩字可言。

『生成的無辜』「心理學的各種考察」

# 狡猾的人的本質

我們總覺得狡猾、卑怯、愛耍心機的人本質複雜得難以理解捉摸。其實狡猾的人一點也不複雜，總是只想到自我利益的人格特質，迫使他們再單純不過。

『生成的無辜』「心理學的各種考察」

099

冷靜一點就可以看清，那種人算計的都是對自己有利的事。

100

多數人都沒有想到，自己是否心存輕蔑地幫助他人。

## 出於輕蔑心的援助

我們出手援助，是因為打從心底認為對方不如自己，將他們歸類為弱勢族群。

像是生病的人、急需援助的人、三餐不濟的藝術家、心智尚未成熟的小孩，這些都是世人眼中必須依賴他人援助的弱勢族群。

但事實又如何？就心理層面而言，我們只是沒有能力援助與自己同等能耐的人罷了。

『生成的無辜』「道德哲學」

# 101

對工作沒有熱情的朋友，只會帶給你困擾。

## 對工作有熱情的人，才是值得交的朋友

交朋友就要交對工作有熱情的人，因為他們比較認真看待自己的人生。喜歡工作的人悟性高，又專注，能贏得周遭人的信賴。

對工作沒有熱忱的傢伙只會一味吹噓，老是換工作的傢伙也不可取。因為這些人一天到晚只會妄想吹噓變成事實，議論別人的長短，以此打發時間。一旦遇到困難時，便成了理所當然地將問題推諉給別人的麻煩者。

『人性的，太人性的』「各種意見與箴言」

真正的好的朋友不需要說出口。

# 真正的友情不需要炫耀

不要在別人面前高談闊論自己最重要的朋友，炫耀你們的關係。
因為友情是一種無法用言語淋漓盡致表現的關係。
就算你再怎麼努力向別人說明你們的友情，也無法精確地描述，反而會在說明的過程中，對你們的友情心生懷疑。

『人性的，太人性的』「各種意見與箴言」

# 友誼的同情與羈絆

當你知道自己最信賴的朋友做了什麼可恥的事，一定會心痛，而且心痛的程度遠比自己做了什麼可恥之事還來的強烈。

因為你對朋友抱持的是極純粹的信賴與同情，沒有絲毫利己的心態，只有愛與關懷，這就是對於朋友的可恥行徑所產生的一種反應。也就是說，深深的同情會讓你倍覺心痛。

『人性的，太人性的』

103

你曾經替朋友感到心痛不已嗎？你真是「好」朋友。

# 真心相待的朋友，絕不會表現得過度熱情

你有那種無論何時造訪，都會盛情款待你的朋友嗎？想必你一定開心不已，覺得對方人真好。

但當你受到盛情款待時，卻又覺得揣揣不安，這是為什麼呢？因為熱情款待只是對方企圖麻痺敵意的一種手段。

真心相待的朋友絕對不會表現得過度熱情，因為沒必要使出任何鬆懈心防的招數。

『曙光』

# 正視內心的惡，造就強大的自己

你不該視而不見內心的惡，不承認心中有惡，甚至蔑視內心的惡，而是認真看待內心的惡，謹慎處理內心的惡，像是細心呵護森林那樣。

我們會進入林中觀察情況，修整，闢路，讓每棵樹都能生長得更茁壯、更茂密，帶給大地更多溫暖。

所以你應該像管理森林那樣，正視自己內心的惡，才能造就更強大的自己。

『生成的無辜』「道德哲學」

# 真正的強者會讚美敵人的勝利

讓自己成為強者。
成為受人愛戴的強者。
真正的強者會赦免戰敗的敵人，甚至讚美敵人的勝利。

『生成的無辜』「道德哲學」

# 107



## 不懂寬恕的人，只會淪為別人眼中的討厭鬼

不懂得寬恕別人的傢伙，令人不恥。

『生成的無辜』「道德哲學」

# 有些人真正需要的是束縛與調教

你在等待別人伸出援手嗎？

因為你對自己的縱容，以及依賴心的作祟，迫使你無法解決接踵而來的問題與糾紛，結果只能等待別人幫你一口氣解決所有事情。

其實你等待的不是能替你解危的人，你真心渴望的是束縛你的人，像是一個手持皮鞭的馴獸師，邊餵你餌吃，邊好好調教你的人。

『生成的無辜』「道德哲學」

# 109

卓越的想法要卓越的腦袋才能理解。

## 卓越的想法總是超越世俗的見解

卓越的人，擁有傑出才能的人，或是作為時代的先驅者，這些人的想法、見解、舉止行為是一般人絕對無法理解的。

因為一般人無法理解，也無法想像超越自己能力的事物，所以才會認為那些高貴的人是特意獨行的怪咖，甚至無法瞧見高貴的人不凡之處。

『生成的無辜』「道德哲學」

善的意念跟善行一樣重要。

## 體貼周到的行為才是真正的奉獻

光是行善與道德，並不是真正的奉獻。

唯有體貼周到，克己謹慎的行為才是真正的奉獻。

『人性的，太人性的』「各種意見與箴言」

# 111 內心空虛才會貪婪地追求愉悅

不認真面對工作與生活，只想放縱享樂之人，看在別人眼裡，就是個永遠在追求更大的刺激、更多快感、更愉悅的墮落者。

其實這種人做什麼事都感受不到真正的快樂，只要一感到無趣，就想貪婪地要求更多。

這種人還沒找到能讓自己打從心底歡喜的事，也不可能找得到。

『人性的，太人性的』「各種意見與箴言」

112

賦予舊東西新的價值才是創造力。

## 創造力來自於能夠捕捉新知與感性

創作奇形異狀的人，並非就是具有獨創性的人。而是能從人們厭倦的東西、輕蔑不屑的老舊東西、一般人不會注意到的東西中，捕捉到新知與感性的人。

『人性的，太人性的』「各種意見與箴言」

## 113

能夠展現才能靠的不是天賦，而是強烈的渴求。

# 天賦才能起於一個意志與行動

人們口中的天賦才能究竟是什麼？是忽然從血管隆起的東西嗎？還是個性反覆無常，特異獨行者的才識呢？

不，都不是。那只是出於一個意志，一個行動，是一種渴求，渴求更高遠的目標，渴求達成目標的方法。

『人性的，太人性的』「各種意見與箴言」

用別人的不幸與失敗當作養分，只會一步步走向病態。

# 喜歡幸災樂禍的人是什麼心態

喜歡幸災樂禍的人，其實內心充滿了對現實的不滿，對自己的軟弱無能深感痛苦，對貧乏的自己滿是憤怨，對各種事物抱持不平與鬱悶，只好拿別人的不幸，疏解自己的忌妒與怨懟。

他們牢牢記住別人的各種不幸與失敗，一旦發現自己小勝別人一些，便以為自己很幸福。這種人永遠只會帶著輕蔑的眼光，四處搜尋別人的不幸與軟弱，只會以自己為比較基準，以致於內心的歡喜與悲嘆全成了扭曲變形的情緒。

『人性的，太人性的』「漂泊者及其影子」

## 115

共苦的經驗創造更深一層的認識。

# 同甘共苦是拉近彼此距離的特效藥

即便是境遇與身分迥異的兩個人，只要同甘共苦過，就能拉近彼此的距離。

好比登山。一起嘗過登山時的辛勞、疲累、喘息、口渴、汗水淋漓、痛苦、遠眺一望無際的美景，兩人的身體自然拉近彼此的距離。

『人性的，太人性的』「漂泊者及其影子」

# 一味迎合他人是加速自己毀滅的毒藥

教導年輕人要敬重與自己抱持同樣想法的人，而不是與自己想法迥異的人，這樣的教導方式只會讓年輕人逐漸沉淪。

同樣的，一味教導年輕人要合群、要信賴、要迎合對方等高度的價值，只會加速年輕人迷失自我，成了無用的人。

『曙光』

# 無法坦率而活的人生，只有痛苦可言

有一隻會說話的動物這麼說：

「人類到底是怎麼回事啊？只要每天坦率地過活就行啦！幹嘛成天苦著一張臉啊？什麼人性、道德，到底是什麼玩意啊？這是可以吃的東西嗎？我看恐怕不怎麼好吃吧！因為人們每次一聽到什麼人性啊！道德啊！臉就馬上垮下來。」

『曙光』

# 人是不幸的動物

動物認為人類是自己的同類。

只是，人類是不健康的動物，是一頭瘋狂的野獸，老是做些脫離常軌的危險行為，又沒什麼節操，放任自己的情緒，所以，看起來就是不幸的動物。

『愉悅的知識』

# 偉大的定義

什麼是偉大的存在，偉大的人物？相對的，卑微渺小的人物又是什麼？什麼是雄偉？什麼是巨人？什麼是神的正義？人類又是什麼？只有能夠熟讀《舊約聖經》的人，才知道這些疑問的答案。

『善惡的彼岸』

120



# 一顆高尚的心來自持續不斷的努力

有些人能讓人一眼就感受到內心的高度與纖細的感性，他是如何辦到的呢？

是天生如此嗎？還是比別人多出一倍的感性而造就如此的自己呢？

都不是，他是靠著持續不斷的努力，才成就出如此高尚的自己。

『善惡的彼岸』

## 121

每個人都有天賦，卻不是人人都能做到純粹。

# 讓天賦真正發揮的利器

具有天賦才能的人，那些人們口中的天才，只是言行舉止俗不可耐的傢伙罷了。

他們要想徹底發揮自己的才能，還需要兩樣利器。

這兩樣利器就是感謝的心，與純粹的人性。

『善惡的彼岸』

122

信任問題是很一廂情願的問題。

# 親切和善的態度往往隱藏著輕蔑與不信任

雖然人們會被馬戲團小丑的逗趣表演逗得開懷大笑，但內心根本不覺得小丑是那麼歡樂的人物，因為人們察覺到一股表裡不一的氛圍。

同樣的，即便面對和藹可親的人，我們還是無法抹去內心的不信任感。為什麼呢？因為人們總是習慣直視隱藏在和善態度下的輕蔑心態。

『善惡的彼岸』

# 名銜與才能粉飾了真正的人格

因為忙碌的工作、複雜的人際關係、身負的頭銜與立場、擁有的能力與才能，粉飾了一個人真正的人格，掩藏了真實的自己。

因此，唯有當一個人失去工作，連才能跟地位都派不上用場時，才能看到他真實的一面。

『善惡的彼岸』

要寬待他人的缺點很不容易，但想想，誰沒有缺點？你沒有？

# 你怎麼看待別人，別人就怎麼看待你

你會選擇如何看待別人？或是說，你自己是什麼樣的人？

你是那種常看到別人卑鄙、惡劣的一面，對於別人的軟弱與欺瞞特別敏感，老是懷疑別人的言行有何企圖的人？

還是你能坦率感受到人性的可貴，真心嘆服別人的優點，寬容以待別人的缺點？

『善惡的彼岸』

# 你應該昂首闊步，而不是卑躬屈膝

面向地中海的吉諾瓦的丘陵上有一條小徑。

難道還沒出現那種絲毫不覺得自己卑微渺小，抬頭挺胸往丘陵那一頭走去的人嗎？

『生成的無辜』「關於尼采自身」

# 約定不是言語，而是交心

什麼是約定？就是告知約定內容的言語。不，言語是多餘的。為什麼呢？因為約定是一種行為，出自於彼此的交心。

『曙光』

## 遠離行事衝動的傢伙

要交朋友就要交那種氣度大、行事風格沉穩、思慮周全、心胸寬大、不記仇的人。

最怕交到那種器量狹小，一遇到什麼麻煩事就很容易走極端的傢伙。因為只要別人和他的看法稍微不一樣，他就會心生誤解，引爆紛爭，甚至予以反擊、報復。

而且這種人一旦恨一個人就會恨到骨子裡，恨不得毀滅對方。所以千萬要遠離這種行事衝動的傢伙。

『曙光』

朋友有沒有器量是一目瞭然的事，你只是沒有做對選擇？

## 128

那些八卦、耳語，只是單方面的想法，多不是事實。

# 批評，全是因為不瞭解事實

「那傢伙根本搞不清楚怎麼做人嘛！」

「他只是不食人間煙火罷了。」

「是嗎？就我所知，那傢伙可是非常世故呢！只是故意裝作不解世事。就因為他明白芸芸眾生都是凡人，所以才故意做些一般人不會做的事。」

像這樣批評別人，說別人壞話的行為，多是欠缺事實根據的。而這些指責別人的傢伙在不經意中就說出了不想讓別人知道的想法。

『曙光』

# 愛講大道理的人，往往是最缺德的人

有些人就是喜歡針對人類、社會、國家，大肆發表自己的看法。這些慣於板起臉孔，愛講大道理的人，往往也是最不守法、最缺德的人。因為他們對於一般人會遵循的事，根本不放在眼裡。

『人性的，太人性的』

129

愈是道貌岸然的人，愈有可能讓你失望。

# 孤獨過後，更能感受到人際關係的美好

愛吃零食的結果，就是嘗不出正餐的美味。

人際關係也是如此。交友廣闊的結果，就是越來越厭煩與人來往，這時不妨試著讓自己學會獨處。

獨處一段時間之後，更能感受到人際關係的美好。

『人性的，太人性的』「各種意見與箴言」

# 131

不想作一個平庸的人，要先認清自己的平庸。

## 平庸的人永遠看不到天才背後的付出

有些人不覺得自己平庸，更不覺得自己連平庸都稱不上，反而覺得自己在某個領域的表現是非常優秀的。

奇怪的是，也不會去嫉妒那些歷史上數一數二的天才，因為他們認為天才是一種遙不可及、奇蹟似的存在，猶如歌德所說：「若那是星辰，人們也不會渴望。」

但實際上，每一位天才都是非常勤懇、竭盡心力地創作，根本毫無奇蹟可言，只是人們無法想像這樣理所當然的事。

『人性的，太人性的』

# 不管活到幾歲都能改變自己的人生

不要總想著自己像一顆已經定型的石頭，你仍可以塑造出自我特色，頂多加上一些外力的改變。

不管活到幾歲，你都能改變自己的人生，就像黏土一樣，捏出你想要的自己。

只要你有改變的念頭，有改變的勇氣，你就可以如己所願，蛻變出更美好的自己。

『生成的無辜』「查拉圖斯特拉如是說」

# VI

# 知

über die Wissenschaft

在每個人的心底都有個堅不可摧的念頭

## 打破既有的信念才能瞧見真相

你想知道真相為何嗎？那就要有痛徹心扉的覺悟。但知道真相後卻不覺得痛苦，這又是為什麼呢？

因為每個人對於各種事情都有自己的信念，而且是堅不可摧的信念。

唯有當真相徹底破壞這樣的信念與固執，才能夠感受到失去一切的痛苦。

『生成的無辜』「認知論／自然哲學／人類學」

# 人總是畏懼新事物

人們習慣將新知、新事物，先擱在已經曉得的舊事物區裡，以求心安。正因為人們對於新事物根本一知半解，才會畏懼新事物的存在。

『生成的無辜』「認知論／自然哲學／人類學」

134

135

新東西跟舊東西總是有某種連結，找出來就是了。

# 鮮明化既有的思想與見解，就是新知

博學多聞、思慮周延的人，遇到、聽到新思想、新見解時，會覺得驚訝、不知所措嗎？

當然不會，他們會將新思想、新見解與舊的東西做最好的連結，成為一個像鎖一般緊密的形體，變成更鮮明、更容易理解的東西。

如同賦予星星位置的新生意義。

『人性的，太人性的』「各種意見與箴言」

# 136 智慧能減少心中的怨憤

缺乏智慧及賢明的人，特徵就是馬上憤怒，宣洩不滿、猛發牢騷、焦慮不安、心浮氣躁。

隨著智慧增長，心中的憤怒與埋怨就會減少。

『人性的，太人性的』「漂泊者及其影子」

137

# 沒有暗夜，哪知道光與熱的可貴

正因為暗夜深沉，才知道光與熱的可貴。

『生成的無辜』「心理學的各種考察」

## 美女與真理的共通點

美女與真理有個共通點。

那就是，比起唾手可得的東西，企求不到的東西更能激發他們內心的熱情與瘋狂。

『生成的無辜』「女人／結婚」

## 智慧是拯救自己的最佳武器

智慧有什麼用處呢？

我們只要活著，就得面臨無數次茫然不知所措的瞬間，超脫經驗法則的事情。於是不知如何面對、如何處理的瞬間，便成了一種精神上的打擊，一種求助無門的打擊。

這時我們就會被這瞬間所支配，整個人像被凍結般無法動彈，於是智慧，也就是別的價值觀與想法便成了最強的武器，幫助我們掙脫瞬間的束縛。

所以就某種意味來說，智慧是拯救自己的武器。

『哲學家之書』　多方考察「立於苦境的哲學」

# 學習不是只有增長知識而已

雖說學習能增長知識，但不少人不以為然，認為這樣的知識對社會一點用處也沒有。會這麼想也是理所當然，畢竟短短幾年學習到的知識也只是皮毛。

其實學習帶來的不僅是知識，還有能力的鍛鍊，好比仔細調查的能力、推論的能力、耐心與持久力、多方面觀察的能力、設立假說的能力等，這些培養出來的能力能廣泛運用於各種領域。

『人性的，太人性的』

# 書的真正價值

書具有什麼價值？

就某種意味來說，一本書好比一口棺材，躺臥其中的只是過去，所以能從書籍中汲取到的就只有過去。

那又如何？將自己封閉於稱為過去的這口棺材中，還是能夠活下去。

這裡有的是海風呼嘯聲，有劃破空氣的砲彈轟鳴聲，還有怪物嘲諷的嗤笑聲。

詩『愉快的知識』

# 我們的肉體棲宿著莫大的理性

不少人認為自己的肉體棲宿著精神與理性，而且是由精神與理性支配著肉體。

那麼，現實情況又如何呢？精神與理性能夠控制內臟精密的運作嗎？當危險迫近時，能指示肉體瞬間做出閃躲的動作嗎？

早在精神與理性運作之前，我們的肉體就已經做出絕佳的保護動作，不是嗎？只要明白這一點，就知道我們的肉體棲宿著充滿生存智慧的莫大理性。

『查拉圖斯特拉如是說』「關於輕蔑身體的人們」

VII

# 世

über die Öffentlichkeit

別人看不出你的本事？
說真的，那是別人的損失

# 瞻前顧後的結果就是什麼都不敢做

世間的常識、道德、倫理總是吵嚷地告誡你這不能做、那不能做、要克制自己的欲望，結果只是讓你更困惑自己究竟該做些什麼，索性什麼都不做。

然而生活中的一切來自實際的行為，沒必要受到規範、道德、常識的過度束縛，只要真心面對自己想做的事，自然就能摒除那些無謂的干擾。

所以千萬不要什麼都不敢做，你能做的就是放膽前行。

『愉悅的知識』

# 「逃避」絕對無法改變你所面對的一切

千萬不要因為討厭現在的你以及這個世界，就放棄你的夢想，厭倦這世間所有的事，甚至淨想著自己要超脫現世，以求解脫。

別忘了所有的事都是由這吵嚷的世間而生，無論是藝術、宗教，還有你也不例外。

『哲學家之書』多方考察「立於苦境的哲學」

144

沒有人能逃避自己的存在。

# 世人慣有的偏見

世人習慣暗地裡決定誰是情感豐富的人，誰是冷酷的人，誰是賢明的人，並且主觀地認為這些人就該是這樣個性的人。因此，一旦看到賢明的人露出困惑的神情，猶豫著無法做出決定的樣子，就會突然感受到一股極大的落差感，從此對他投以不信任的眼神。

『善惡的彼岸』

# 看事情不能只看表面

雖然人的眼睛具有類似照相機的功能，但不可能像照相機的鏡頭那樣，捕捉到所有事物。

譬如，欣賞夕陽映照下的群峰美景，並不是單純地看到自然美景。就算自以為胸懷坦蕩地眺望任何事物，也會無意識地在眺望的事物上覆蓋一層稱為靈魂的薄膜。

這塊薄膜是不知不覺養成的習性，當下的心情，以及各種片段記憶的綜合體。

於是，你習慣透過這層薄膜眺望美景，看待任何事，以至於，你看到的永遠只是一部分的世界。

『生成的無辜』「譬喻與形象」



同樣東西，每個人看到的都不同，因為每個人的靈魂不同。

# 價值並非與生俱來

任何東西並非原本就有價值，都是要經過使用，發現優點之後，才會產生價值。

但對現在的人來說，比起好用、方便的東西，能夠切合人們興趣的東西所具備的價值更高。也就是說，喜好與品味這種流動的感受能提升東西的價值。

『生成的無辜』「認知論／自然哲學／人類學」

# 人總是單憑最初的印象，做出輕率的判斷

只要一開始擺出高高在上、不可一世的態度，便能輕易地收服對方。

然而，對方一旦弄清楚事情的來龍去脈，就會萌生強烈的質疑。

換句話說，人們總是單憑最初的印象，做出輕率的判斷。

『生成的無辜』「認知論／自然哲學／人類學」

## 道德觀因人而異

世界上有各門各派的「道德倫理規範」。

人們從中揀選一個或數個作依循，作為自己的道德標準。

而且，還是在沒有特定意識的狀況下，選出適合的道德派別以及道德標準。

『生成的無辜』「道德哲學」

# 內心軟弱的人渴望權威

什麼樣的人會輕易的向權威低頭，深信權威至上，倚仗權威，大肆宣揚權威，視權威如命呢？

當然是缺乏自我創造力，沒法自我思考、自我啟發，缺乏開拓力的人。

權威就是來支配這些耗損生命力的人。

『生成的無辜』「道德哲學」

# 國際化淡化民族間的藩籬

隨著時代演進，每一民族所傳承的，像是傳統服飾、風俗習慣、思考模式、方言、藝文發展等，都會加速淡化，甚至消失。

沒必要因此嘆息，這都是為了淡化國家民族間的藩籬，促使人們相互理解、成為高貴的人的一種必經之途。

如此才能慢慢褪去各民族傳承自祖先的野蠻性，蛻變成洗鍊的人。

『生成的無辜』「文化」

# 文化就像是蘋果皮

文化就像是薄薄的蘋果皮。
鮮豔的薄皮底下，包藏的是激烈的混沌感。

『生成的無辜』「文化」

# 153

個人的理想、價值觀凌駕在各種組織架構之上。

## 不該為了國家利益，捨棄自己的理想

國家是以保全國家自身為最高目的，國家利益說穿了就是保全國家。國家為了達到這個最高目的，理所當然地神聖化骯髒的手段、非人的手段。問題是，所謂的最高目的根本毫無根據可言，充其量只是一群窩居國家體制下的人們為了明哲保身而使的小手段。

所以不必為這樣的國家捨棄自己的理想，也不必改變自己的價值觀。反倒要告訴自己，為了達成自我理想，犧牲國家利益也無所謂。

『生成的無辜』「法」

## 恐怖行動不過是自卑者的恫嚇

一旦權力無法充分施展，無法贏得眾人的尊敬時，就會出現恫嚇體制的組織。

再來就是出現恐怖行動。

『生成的無辜』「法」

## 世人往往被假象矇蔽雙眼

世人越來越無法分辨雙眼看到的一切。

分辨不出從一池濁水釣到魚的人，與從深水撈起魚的人，有何不同。

『人性的，太人性的』「各種意見與箴言」

# 每個大人心中都住著一個小孩

對孩子來說，遊戲就是工作，童話就是真實。

那麼，對大人來說，遊戲就不是工作嗎？童話也只是現實中不可能發生，荒誕無稽的故事嗎？

不，沒這回事。大人也可以視工作為遊戲，而且比起孩提時代更能發掘世間故事的真實，為此歡笑、哭泣。

『人性的，太人性的』「各種意見與箴言」

156

從工作中也可以找到樂子，像小孩子玩玩具一樣高興就行了。

## 先讓自己感到富足，才有餘裕行善

你絕不貧乏，應該說還挺富裕的，並受到世人的尊敬。你會慎重地看待事情，所以沒什麼惡評，身體也很健康無虞。

總之，先讓自己感到富足，才有餘裕行善。

『人性的，太人性的』「漂泊者及其影子」

# 別忘了自己也是大自然的一份子

自然是美麗的，自然是嚴苛的，自然也是一種永恆自由的存在，人們往往忘卻了，自己也是大自然的一份子。

所以，當我們述說關於自然的種種，真正的自然其實與我們的想像是完全不一樣的。

『人性的，太人性的』「漂泊者及其影子」

# 誇示威嚴只是為了掩飾內心的恐懼

看看那些自以為頭銜顯赫的傢伙吧！他們做著能夠彰顯自己身分與地位的打扮，裝出誠懇的表情與眼神，故意放慢動作以醞釀威嚴感，老是愛用無謂的開會、儀式來誇示自我，不然就是說些不著邊際、拐彎抹角的話，愛聽別人的奉承之詞，即使感覺不太對勁，也只是皺一下眉。

這些傢伙就是藉由這些動作誇示自己的威嚴。為什麼要誇示威嚴呢？因為想讓別人對自己敬畏三分。說穿了不過是出自於恐懼，對所屬組織的恐懼，對自身的恐懼，使得心變得扭曲，才會想藉權勢壓迫他人。

造就此一恐懼的元素就是膽小懦弱，所以這些傢伙的威嚴只是一種虛張聲勢的表現。

『曙光』

# 蔑視他人就是瞧不起自己

有些人就是自以為是，過度膨脹自己。這種人的特徵就是視別人為自己所用的棋子，不然就是極度蔑視別人，否定別人的存在。

正因為他們自大又自卑，所以有時會粗魯地對待自己，甚至輕易地捨棄自己。

『人性的，太人性的』



習慣否決別人的人，有一天會徹底否決自己。

# 好書是眾人精神的集合體

為何一本好書可以跨越時代，影響許多人的行為與思想，道出人心最微妙的情感？為何一本好書可以改變一個人的境遇與個性？

因為一本好書中具有的不只是一個人的心與精神，而是結集許多人的心與精神，讓一個人能與許多人一起共生共存。

『人性的，太人性的』

# 原因不一定和結果有直接關聯

人們總說有因就有果，其實原因與結果不一定有直接關聯。有時只是由結果大略推測出原因，而有時，結果與原因根本沒有任何關聯。

這是因為原因與結果都算是半調子的狀態，所以從什麼觀點來看都不一樣，而造成這種情況的始作俑者就是我們的腦子。

『愉悅的知識』



追究因果關係無助於看清事情的全貌。

勝利沒有僥倖，要完全排除這種心理。

# 勝利絕非偶然

勝利絕非偶然，毫無半點僥倖。
沒有一個勝利者相信，其中存在著偶然。

『愉悅的知識』

# 敵人是命運送你的頂級禮物

你的面前出現不可饒恕的敵人，你能做的就是放手一搏。
而且要歡喜地迎戰，因為這個敵人是命運送你的頂級禮物。
你應該盡情享受命運給你的頂級待遇。

『愉悅的知識』

# 印象混淆我們的判斷

若別人認為你是個可怕的人，那就真切地說些你所經歷的恐怖體驗；若別人認為你是個冷酷的人，那就說些你的冷酷體驗；若別人認為你是個複雜的人，那就說些你的複雜體驗。

絕大多數的人都不會將發生的事與體驗過這事的人分開來看，因為印象混淆我們的判斷，那明明是兩件事，印象卻會迫使我們混為一談。

『善惡的彼岸』

# 集體意識主導瘋狂脫序的行為

一個人極少會做出瘋狂脫序的事。

當你加入什麼團體，參加什麼黨派，參與標榜民族大團結的行動，抑或是捲入時代的漩渦時，就會不知不覺地做出瘋狂脫序的行為。

『善惡的彼岸』

普世的價值觀令人作嘔，做一個傲慢、利己的人又如何。

# 高貴的人

我熱切期望高貴的人出現。

高貴的人絕不會奉承、討好任何人，也許別人認為他是個傲慢的利己主義者，但他始終堅信價值要由自己決定，也十分自豪自己的堅持。

就算得不到別人的認同，也會堅持到底。高貴的人具有不同於普世價值觀的道德標準，而且會率直地付諸行動。

這樣的人還沒出現嗎？

『善惡的彼岸』

II

# 孤獨反而讓你更加了解自己

不少人在與人來往的社交過程中，變得容易喪失自己的個性與純真，甚至變得卑怯畏縮。

所以我們要讓自己變得更強韌，不要輕易地被別人左右，不隨波逐流，努力保持原來的自己。

捨棄、勇氣、洞察力，這些都是能助你一臂之力的武器，幫助你不要在世間的濁流中迷失自我。

所以不要畏懼孤獨，孤獨反而讓你更加了解自己。

『善惡的彼岸』

168

不用害怕必須捨棄誰，那些人不願意認識真正的你。

有人是挑戰極限，有人是將全世界踩在腳底，都是個人的認知而已。

## 登上高處的你，想看見什麼？

只要不斷地超越自我、求新求變，毫不懈怠的話，就能登上高處，登上猶如山巔般眼界開闊的地方。

那麼，站在那裡的你想要看到什麼？

你想抬起頭，看到彼端雲上的影子？還是想露出誇耀勝利的笑容，輕蔑地瞅著山腳下的人們？

『善惡的彼岸』

# 女人是這世界的蜂蜜

有一種女人，平常都保持好心情，臉上總是掛著甜美笑容，喜歡燦爛美麗的事物，不會老是愁眉苦臉，要求自己在別人眼中永遠都是純真可愛的。奇怪的是，有人就是喜歡批評她們是輕浮、沒格調、水性陽花的女人。

真是如此嗎？不覺得她們是這世界的蜂蜜嗎？正因為這世界有太多可怕的事，太多令人痛心的慘事，才需要她們的關愛，她們的撫慰。

要是這世界沒了她們，便成了難熬的地獄。

『生成的無辜』「女人／結婚」

女人跟男人最大的不同，就在她們的善良是一種天性。

她是父親的女兒，丈夫的妻子，孩子的母親，沒有聲音的後盾。

# 女人存在的意義

一個壯志凌雲的男人，背後都有個幫助自己清楚確立目標的不凡女人。

因為，這樣的女人天生有著掌控全局、引領男人的本事。

『生成的無辜』「女人／結婚」

# 習慣了當應聲蟲就會變成卑怯的人

每個人都會優先考量自己的利益，所以不會輕易贊同、支持他人的意見。

譬如，為了維繫情誼，不得不表示贊同；為了不成為眾矢之的，不得不表示支持；或是為了不想惹周遭人不愉快，不得不隨聲附和。

不管基於什麼理由，習慣當應聲蟲的人就是卑怯的膽小鬼。

『生成的無辜』「心理學的各種考察」



膽子小不是被霸凌的結果，是老優先考量自己利益的結果。

與其花心思成為政客看得上眼的人，不如壯大自己與之為敵。

# 政客眼裡的兩種人

政客的眼裡只有兩種人。

一種是對自己有利的人，一種是可以作為工具來用的人。前者是單純、遲鈍、守禮，容易感激別人的人；後者是充滿欲望，只講利益的人。

另外，還有第三種，是與政客為敵的人。

『生成的無辜』「心理學的各種考察」

# 先自救才能救人

連自己都救不了，如何救人？這理論似乎頗有道理，但事實為何？真是如此嗎？

救人不是這麼簡單的事，就算我手上握有救命之鑰，對方的鎖也不一定能用我手上的鑰匙開啟。

『生成的無辜』「關於尼采自身」

174

你想救人，人家不一定想被救。

不被外力左右的方法之一，就是去思考自己是如何思考的。

# 眼見不一定為憑

我們自以為能靠雙眼明辨事物，以既定的形式思考事情，甚至認為所有事物都有形式可依循。

但自然並非人工物，沒有形式可言，所以我們更該虛心坦然地看待自然。

因為自然不分內外，自然是內外相通，完全連結，所以毫無基本形式可言。

『哲學家之書』「準備關於哲學家著作的草案」

# 哲學家追求的是——世界應有的模樣

哲學家追求的不是真理，而是世界應有的模樣。世界又是什麼模樣呢？這就是哲學家感興趣的地方。

至少，世界上有一件事能以自己的觀點來解釋。

因為，能以人的觀點來解釋，就能有跟人相比擬的解釋與構成。或可以這麼說，哲學家把所有事及世界都看成是人。

『哲學家之書』「準備關於哲學家著作的草案」

177
一個單純事實總是會被人為因素複雜化。

## 過度美化的價值、評比的基準

以往做過好幾次的事，現在又重新來過，卻不覺得自己在重複做已做過的事。

這是因為我們的價值觀與評比已經改變，習慣以現代的新事物來思考。好比將明明是殺人的事實，卻冠上戰爭、紛爭、事變、動亂、鎮壓、評定、革命、恐怖行動等各種名義。

換句話說，我們會過度美化價值、評比的基準。

『生成的無辜』「道德哲學」

# 大眾就是一群被束縛的人

人們習慣依據一個人居住的地方、職業、身分地位，以及受到時代支配的常規、舊習等，確立自己的看法，而且以為別人和自己的看法一樣而感到安心。

殊不知自己被束縛著，只是因為和許多人一起被束縛著，所以渾然不覺罷了。

『人性的，太人性的』

光是別人的看法跟你的一樣，不足以感到安心。

VIII

# 美

Über die Schönheit

醜陋跟美好的最大區別在於生命力的強度

# 美的基準在於人

對人來說，什麼是美的事物？或是美的基準為何？
美的基準在於人，只有關於人的事物才是美。
美學存在於以單純事實為基礎的一切事物。

『偶像的黃昏』

# 即使不夠完美也能打動人心

細心照料庭園中盛開的美麗薔薇，那鮮豔的色彩，美麗的花形，迷人的馨香，這是一種近乎完美的美。

而悄悄開在偏僻山嶺，沒有經過細心照料，顏色淡雅樸實的野薔薇。

即使不夠完美也能打動人心。

『生成的無辜』「譬喻與形象」

單純的東西容易感動人，卻不容易單純的被理解。

# 藝術喚醒人類的本能

能夠魅惑我們的感覺，帶給我們快感與感動的東西，永遠都具有單純、清澄、正確、明快等特質。

橫亙在我們眼前的現實往往是混沌的，所以得先將它單純化，賦予理論，訂立規則並加以統整，唯有如此，人們才能理解與認知。

也就是說，人們會以理論來理解藝術，從中找到生命的意義。換句話說，藝術喚醒人類的本能。

『生成的無辜』「認知論／自然哲學／人類學」

# 唯有陶醉才能催生藝術

催生藝術的首要條件就是懂得陶醉，要是作者無法陶醉其中，便無法催生出藝術。

強烈的情欲、節日與祭日、奮鬥與冒險、殘酷與破壞、氣候、強烈的意志等，這些都是促使陶醉其中的要素。

這些要素的共通點就是將心中的能量發揮到極致。

『偶像的黃昏』

「挑選」以及「塑型」兩種能力讓夢想成真。

## 創造藝術的兩股能力

創造藝術的能力有兩種層次。

一種是從這世上挑選材料的能力，另一種是塑型創作的能力。

『哲學家之書』「準備關於哲學家著作的草案」

# 越夜越美麗

我們為何熱愛音樂、熱愛高掛夜空的明月呢？
大概是音樂及月光讓黑夜變得更美麗，照亮、探訪內心的無數個黑夜。

『人性的，太人性的』「漂泊者及其影子」

184

只有音樂及月光懂得黑夜的黑。

# 音樂能昇華我們的靈魂

音樂之所以讓人覺得舒服，是因為音樂能將我們的靈魂帶離現實，帶離這副庸庸碌碌的軀殼。

音樂能悄悄地將靈魂帶離現實的框架，讓我們遠遠地看著現實中的自己，而且是在一種安心的狀態下，什麼都不用做，只是靜靜地悠游於音樂中。

用靈魂聆聽音樂，便能感受到曲子是為自己歌頌的喜悅。

『曙光』

# 純粹的音樂帶給人們歡樂

充滿戲劇張力、雄大、悲壯、能引發內心狂放情感的音樂，和演員一樣，講求的是演技。因為音樂是被用來刺激觀眾情緒、撩撥心緒的一種手段。

相較於此，室內樂講求的不是演技，只是以純粹的音樂帶給人們歡樂。

『生成的無辜』「音樂／藝術／文學」

過去的歸過去，現在的歸現在，才能夠攜手走向未來。

# 先學會愛，才能得到愛

要想愛上音樂，至少要在演奏時仔細聆賞，就算是不熟悉的樂曲，也必須忍耐靜聽，才能了解音樂的美好。

對人也是。若老是以「跟以前不一樣」為藉口而心生排斥的話，永遠也無法理解對方的好。

唯有抱持寬容與感謝的心，才能揭去成見的布幔，清楚瞧見對方的魅力與美好。

先學會愛別人，才能得到別人的愛。

『愉悅的知識』

# 音樂好比女人

音樂具有感官與宗教的調和作用，讓人沉醉其中。也就是說，音樂好比女人。

『生成的無辜』「女人／結婚」

音樂能讓身體脫離理智的控制。

# 感受音樂的魅力

那無法用言語形容，也無法用繪畫描繪出那股魅惑感，還有一種無法表現的恍惚感。

你只能用身體感受音樂的魅力。

『哲學家之書』「準備關於哲學家著作的草案」

# 人們總是憑著本能區分美醜

究竟是什麼會讓人們感覺醜陋？削弱能量的東西，消耗本能的東西，或是某種令人不舒服的狀態。在人們眼中，這些都很醜陋。

好比讓人備感疲憊與憔悴的事，腐敗的感覺、衰老與頹廢、壓抑、麻痺等，正因為這些都是生命力退化的徵兆，所以人們會本能地記住這些醜陋。

又有什麼會讓人們感覺美好呢？那就是能夠感受到生命力躍升的東西。

也就是與強健的氣力、活潑的生命力、充實的能量等有關的事物，人們會本能地感覺其中的自然與美好。

『偶像的黃昏』

190

醜陋跟美好的最大區別在於生命力的強度。

# IX

# 心

über die Geistigkeit

既然擺脫不了煩惱，那就給自己找個大的吧

# 不做缺德的事，是為了保有內心的幸福

不能做出惡劣的行為，缺德的行為。

不是出於道德心，也不是怕被誰斥責，不是避免別人報復，更不是基於宗教的關係。

不做缺德的事，是為了求得心安，保有內心的幸福。

這是誰都明白的道理，因此只要做一點點缺德的事，撒一個謊，內心就會蒙上一層陰影。行為正當，內心才能感受到舒服的海風，清澄的空氣，溫暖明亮的陽光。

『人性的，太人性的』「各種意見與箴言」

# 找一件能讓自己感到幸福的事

即便是一件小事也無所謂，找一件能讓自己感到幸福的事吧！蓄積內心的快樂因子。

再做自己真正想做的事就行了。

『生成的無辜』「道德哲學」

# 疲勞迫使你陷入窘境

疲勞迫使你陷入窘境，消耗你的能量。

就連原本能夠從容應付的事，也會在極度疲憊時，成為壓垮駱駝的最後一根稻草；平常不以為意的小事，也能讓你感受到巨大的壓力，因為疲勞迫使情感與判斷力變得脆弱。

這時應該找個安全的場所，好好地休息一下，直到回復原本的自己。

『生成的無辜』「心理學的各種考察」

# 苦難也是人生必備的調味料

你想感受喜悅與感動嗎？那就得先嘗過苦難與困難。要是完全沒有苦痛，便嘗不出喜悅的滋味，也就完全感受不到喜悅，不是嗎？

『曙光』



嘗過苦難才會知道幸福的真滋味。

# 感受並非一成不變

誰都有過這樣的經驗，待在黑暗中，與待在明亮地方的感受完全不一樣。

缺少光的照拂竟能大大改變一個人的感受性，可見感受並非一成不變，會隨著周遭變化而改變。

『生成的無辜』「心理學的各種考察」

196

言辭可以包裝成客觀的樣子。

# 看似客觀的陳述，不過是自以為是的理解

有些人不會用「我是這麼想的」或是「我是這麼看的」這樣的直率說法來陳述，而多慣用「我是這麼認知」的說法。

這種說法給人多麼客觀公正的感覺啊！同時還能強調出認真負責的感覺。

然而「認知」往往只是以自己喜歡的觀點，擅自解釋所有事物的一種轉換詞。

『生成的無辜』「認知論／自然哲學／人類學」

真正不想要悲傷的人，就會去尋找淡化悲傷的方式。

# 小小的喜悅及滿足感讓我們遠離悲傷

人們總說：「時間能讓人忘了悲傷。」其實時間根本無法給予人們什麼。

那是什麼能讓人忘了悲傷呢？就是生活中每一個小小的喜悅與滿足。累積這些小小的能量，便能淡化悲傷，帶走苦痛。

『生成的無辜』「認知論／自然哲學／人類學」

# 苦惱能壯大你的心志

老愛為小事煩悶，只會讓你的人生變得更狹隘。

抱持莫大的苦惱，反而能讓你變得大器。

為什麼呢？因為莫大的苦惱能陶冶你的心志，給予你嶄新的觀點，帶給你重生蛻變的機會。

『生成的無辜』「道德哲學」

鮮少人在追求自己的真理，都在信奉別人的。

# 你所渴求的不是真理，而是可以依賴的力量

你總是將「追求真理」、「追求真相」掛在嘴邊，以為事實就是如此。但你真心想追求的是如此抽象的東西嗎？

其實你打從心底渴望的是能夠引領你的強者，遵從他的指示，心悅臣服地聽從他的命令，不是嗎？

『生成的無辜』「道德哲學」

## 無論哪一種判斷都帶有偏見

沒有真正公平、正確的判斷，無論任何判斷都不可能真的秉持透明、無色的立場。

大部分的判斷都會被先入為主的觀念所左右，深深影響一個人的道德觀，甚至影響時代及文化的道德觀以及價值觀，無論是一般的判斷，還是學術的判斷。

『生成的無辜』「道德哲學」

不想受偏見的影響，就得要有自己的判斷。

# 生活條件改變你的價值觀

價值觀不是來自於道德及思想，而是來自於我們平常的生活條件，所以，生活型態改變，價值觀也會跟著改變。

由此可見，價值觀不是眾人模糊的信仰，或堅不可摧的東西，而是會隨時變化，非常脆弱的東西。

『生成的無辜』「道德哲學」

# 自發性的道德，才是真正的道德

道德命令我們「應該做些什麼」。

然而這樣的命令口氣只會讓我們產生反抗心，感受到從頭頂強壓下來的一股壓迫感。

所以我們不需要道德了嗎？不，要是──有一種不會讓我們產生不快的道德，就不會用「應該做些什麼」命令我們了。

道德應該發自內心，而自發性的道德就是「我想做些什麼」了。

「生成的無辜」「道德哲學」

應該做的事不一定是想做的，想做的事則必定是應該做的。

# 只有拉低自己的水準，才能得到眾人的理解

每個人都想被理解，不想被誤解。但對我來說，比起能讓任何人理解，我更希望乾脆被許多人誤解。

因為能讓任何人理解的意思就是：「你所想的東西，別人也很容易想到。」

『生成的無辜』「道德哲學」

## 要想成就大事業，先整肅自己的心

在老是氾濫成災的急流旁種田，無疑是愚昧的行為；在火山口旁蓋房子，也是愚昧的行為。

不設法克服自己暴躁的性情、滿腦子報復的欲望、隨心所欲的個性，卻妄想成就大事業的人，或是想成為某方面專家的人，兩者的愚昧程度是一樣的。

「人性的，太人性的」「漂泊者及其影子」

204

阻礙人生的那些大石頭不是別人扔的，是你的個性扔的。

# 捨棄猶疑，才能有所作為

「要想付諸行動，就必須捨棄一件事才行。」

「那是什麼？請告訴我。」

「你必須捨棄猶疑。只要心中抱持一絲猶疑，便無法確實行動。所以為了貫徹行動，不能有絲毫迷惑。」

「原來如此，的確是這樣。可是，也許還會留有一絲不安。」

「為何不安？」

「好比說，擔心自己該不會是在被矇騙的狀況下付諸行動。」

『曙光』

## 母愛其實藏著好奇心

好奇心不單是指對於未知的國度、流行與新知的嚮往。看待別人時，也是本著好奇心的驅使。

譬如，對別人抱以同情、助人的行為中也含有好奇心，搞不好連母愛也藏著好奇心。因為對母親來說，孩子的成長過程就是一種新奇、有趣的體驗。

『人性的，太人性的』

人跟人之間多一點好奇心，就多一點有趣的體驗。

以為重要的事比較複雜的人，常常會把簡單的事搞複雜。

# 人們總以為無法看到全貌的事，才是重要的事

有些事可以清楚地說明，清楚地理解；但有更多的事是無法說明，也無法理解。

人們總是輕蔑前者的簡單易懂，看重後者的曖昧。

也就是說，人們總以為無法看到全貌的事，才是重要的事。

『人性的，太人性的』

# 羞於說出自己很幸福的心態

不少人覺得大剌剌地說自己很幸福是件天真、沒大腦、有點羞恥的事，總認為得不到的東西才是真正的幸福。

所以當別人對他說：「你真的很幸福」時，他會強硬的否定，甚至在內心偷偷細數自己有多少小缺點、不滿與麻煩事。

『人性的，太人性的』



當你處在幸福的狀態，你的幸福感會傳染給其他人。

# 善意來自毫不起眼的行為

善意是生活中必備的元素。善意的眼神、善意的行為、善意的交流、善意的話題與說話口吻。

善意能讓你一整天都有好心情，包容更多事物，讓你在信賴與親密中安心地生活。雖然每一種善意都是毫不起眼的行為，卻是生活文化的基礎。

善意就像不知不覺盛開的藍色小花。

『人性的，太人性的』

# 不要等到別人心生嫌惡，才覺得羞恥

什麼時候會讓你感到羞恥？

你可能會很難想像，因為你不覺得有什麼是羞恥的事。只有當別人對你的所作所為感到很可恥時，你才會覺得非常羞恥。

『人性的，太人性的』



人在當下無法感受自己行為舉止的可恥。

## 懂得捨棄，才能飛得更高更遠

看看那些找到自己要走的路，背負著孤獨，勇往直接，持續飛向無人能及的境地的人。

他們是那麼的與眾不同，不會被瑣碎的小事羈絆，異於常人般的禁欲。

因為他們懂得斷念，勇於捨棄，迫使他們看起來冷酷無情。

他們之所以捨棄，是為了跳得更遠。他們明白，若不捨棄身上沉重的包袱，便無法飛得更高更遠。

『愉悅的知識』

「欲望」驅動你走得比別人遠，但欲望太多則是一種干擾。

# 擁有祕密敵人也是一種奢侈的幸福

每個人的內心深處都有個敵人，而且不會跟別人說這個敵人是誰。

正因為有這個敵人，才會燃起鬥志，不敢鬆懈地持續鍛鍊自己，也才能清楚知道自己所處的位置。

就某種意味來說，擁有祕密敵人也是一種奢侈的幸福。

『愉悅的知識』

# 缺乏意志力，迫使你永遠看不到自己的好

可惜很多人都不能明白，自己其實是個很有料的人。所以永遠不曉得自己能做些什麼，能成為什麼，能說些什麼，看不到現實中的自己。

因為習慣給自己找藉口，懶散地什麼都不想做。缺乏意志力的結果，就是永遠看不到自己的好。

看到自己的好，善用自己的好。

『愉悅的知識』

# 人好比一艘船

人好比一艘船，人的身心就是一艘船。

當這艘船面臨危險時，會感到痛苦。身體接受到痛苦的訊息時，作為船長的身體就會強行發出警戒令。

「收帆！」

為了躲避船難，只能遵從船長的指示。

待暴風雨過後，再揚帆前行。

『愉悅的知識』

## 215

要得到他人的注意力，只要故作深不可測的樣子。

# 神祕與曖昧是魅惑人心的手段

已經昭然若揭，解釋得十分清楚，也能充分理解的事，往往引不起人們的關注。

所以為了引起人們的關注，只好把事情解釋得曖昧不清，深不可測，加工出一種神祕的魅惑力。

『善惡的彼岸』

# 找回自己的方法

該怎麼做，你才不會被周遭的雜音、真假難辨的意見左右，並找回自己，更鮮明地看待事物呢？有個方法，那就是讓自己的精神自由。

如此一來，你才能輕易控制自己的情感、衝動，以及突發的情緒。若還是被情感牽著走，那就用冷水仔細清洗自己的臉和手。

『善惡的彼岸』



你的精神是被情感束縛了，才會找不到自我。

# 女人要懂得適時示弱

能力優秀、外貌出眾的女人，不見得都能擄獲身旁男人的心。

其實有一個又簡單、又有效的方法，那就是在男人面前露出困惑的模樣，激發男人的父愛，勾起他想當個護花使者的念頭。

依據這樣發自本能的心，讓男人視眼前的女人是個特別的存在，對她產生興趣。

『善惡的彼岸』

## 自己才是最大的假想敵

你和什麼樣的敵人拚鬥？是很難對付的敵人嗎？既然如此，就必須盡全力拚鬥才行。

但有一點要注意，那就是與怪物拚鬥時，千萬別讓自己也不知不覺地變成怪物。

怎麼說呢？只要你一直窺看深淵，深淵那頭也會一直窺看你。

『善惡的彼岸』

不停止地搜尋下一個敵人，最後會變成自己的敵人。

# 你所憎惡的對象，往往是與你條件差不多的人

沒理由憎恨你看不順眼的人。因為你看不順眼，根本不把對方放在眼裡，也就連一點點嫌惡也生不出來。所以，你不會憎惡比你強大太多的人，也不會憎惡比你貧弱的人，更不會憎惡一向讓你輕蔑的人。

你所憎惡的對象，往往是與你條件差不多的人，與你有不少類似之處的人，會無意識地自以為比別人優秀，並且輕率做出判斷的人。

『善惡的彼岸』

# 讚賞自己，也讚賞別人

我們會打從心裡讚賞跟自己毫無關係的人。讚賞對方的哪一點呢？

我們不會吝惜讚賞他人的實力及工作跟自己相當，或是跟自己相似的部分。

當然，也會讚賞那些跟自己完全不同的部分。

如果是讚賞他人與自己相似的部分，就等於是在讚賞自己，不吝於給自己掌聲。

『善惡的彼岸』

# 適時放低身段，處事無往不利

不要總是冷靜理性地處事，這樣只會把自己搞得很累。理性地思考，精準合理的計算，再加上有效率的行動力，只會讓自己感覺越來越沉重，逼得自己喘不過氣。

何不活的柔軟些，像貓一樣慵懶，不要壓抑自己的情感，趁著天氣好的時候，做些超脫常軌的行為，為原本的你注入更多活力的養分。

『生成的無辜』「心理學的各種考察」

# 寬恕朋友，遠比寬恕敵人困難多了

能夠寬恕敵人的人，看起來是多麼地有度量。
但其實，寬恕朋友，遠比寬恕敵人困難多了。

『生成的無辜』「心理學的諸多考察」

222

你不會輕易跟一般人斷絕往來，卻會跟朋友絕交。

## 223

太在乎別人的想法，反而會被私欲糾纏更緊。

# 正視你心中的私欲

私欲這字眼總是給人沒品、卑鄙的感覺。

所以人們相信自己沒有私欲，就算有，也非常少。

但愈是不願意正視私欲，就愈難擺脫欲求與激情的糾纏，當欲求與激情緊密結合便成了私欲。

『生成的無辜』「心理學的各種考察」

# 孤獨的喧囂

對於那些情感太纖細而身處於深深孤獨的人來說，從遠處傳來的人聲與喧囂絕對不是令人厭煩的東西。

反而是一種小小的慰藉。

『生成的無辜』「關於尼采自身」



站在人群外圍，就沒那麼孤獨了。

回想小時候，你曾擁有過的，那是活在當下的幸福。

# 不被過往與未來束縛，才能得到真正的幸福

為何人們喜歡動物、喜歡幼兒呢？因為，從他們身上，人們看到自己失去的幸福。

動物和幼兒都不會視情況欺騙自己，也不會隱藏任何事，無論何時，都能保有最原始的自己，正直地活著。

他們不會回想過去，也不會思考下一個瞬間，永遠只有活在當下的心思，也就不會感到憂愁與倦怠。

正因為人們被過往龐大的記憶、茫然不安的未來所束縛，才會嫉妒他們所擁有的幸福。

『反時代的考察』「關於生之歷史的利害」

# 討厭一個人的理由

你討厭那傢伙嗎？嗯，我明白。但不太贊同你所說的理由，因為我只信得過你討厭他的那種感覺。

因為，你所說的理由，都是後來強加附會的東西，這些都不是真正的理由，只是為了粉飾這種討厭的感覺，為自己辯護罷了。

『曙光』

226

討厭是一種感覺，就跟喜歡的感覺一樣。

# 你之所以憎惡別人，是因為厭惡自己的軟弱

當你憎惡別人時，就是你最軟弱的時候。當你感受到自己很強大，就不會憎惡對方。

或是當你一心想復仇時，也會憎惡對方。但當對方沒有任何可以讓你復仇、批判的地方時，你會連憎惡的氣力也使不出來。

『曙光』

# 「安慰」不適用於自尊心高的人

「安慰」不是任何場合都適用。因為基本上，安慰是站在比陷入困境的人更高、更安全的地方，所說出來的一些安撫之詞。

因此，遇到自尊心高的人陷入悲痛時，還是明白對他說：「我不會給你任何安慰」比較好。

這樣他才會感覺自己受的是一種特別高級的苦難，認為別人不願安慰他是出於一種尊重，自己才能激勵自己再次昂首前行。

『曙光』

向人倒內心的垃圾，純粹是一種發洩行為。

# 別把內心的重擔轉移到別人身上

將過去幹過的種種壞事向別人告白。

告白完後，頓時有種如釋重負、身輕如燕的感覺，旋即忘了自己做過的壞事。

然而，聽聞告白的人卻一輩子也無法忘記你所做過的壞事。

『人性的，太人性的』

# 愈是以服務為本的工作，愈能得到高評價

一般工作都是以成果來論斷評價，所以再怎麼揮汗如雨地工作，也是以成果的多寡來論斷價值。

但若做的是照顧別人、服務別人的工作，那就不一樣了。因為論斷的不僅是工作的成功，也包含心情的評價。也就是說，以服務為本的工作，越是辛勞，得到的評價也越高。

『人性的，太人性的』

每一項行動背後，都有一股無形的反向拉力。

# 沒有真正自由的行為

明明可以自由地做任何事，然而我們的行動卻總是慢一拍，擺脫不了無謂的束縛。

譬如，果敢大膽的行為底下有著虛榮心作祟，看似普通的行為底下隱含的是難以改變的惡習，被瑣碎事情絆住的行為底下，潛藏的是一種叫做不安的恐懼心理。

『人性的，太人性的』

# 換個觀點看事情，就不會覺得活著是一件沉重的事

喜歡自尋煩惱的人總是將自己幽禁於小箱子，幽禁於只浮遊著過往思想與情感的狹小箱子，而且從來不想離開這口箱子。

這口煩惱的小箱子裡，裝的都是些老舊的東西。老舊的想法、老舊的情感、老舊的自己，這些東西，從以前到現在都具有同樣的價值，同樣的名字。

只要察覺這一點，便知道如何掙脫這口煩惱的箱子，那就是自己重新定名及定義價值。給疾病取名為「通往新世界的橋」，給困難與辛勞取名為「試煉」，給徬徨取名為「閱歷」，給貧窮取名為「練習珍惜擁有的幸福」，給逆境取名為「躍升的機會」。這麼一來，自然就能具備只屬於自己的新價值。

換個觀點看事情，就不會覺得活著是一件沉重的事。

『查拉圖斯特拉如是說』「在至高無上幸福的島嶼」



換一個名字，你還是你；換一個觀點，你就不是你了。

# 參考文獻

《尼采 生成的無辜》Alfred Baeumler編著 原佑／吉澤傳三郎 譯
以文社
《尼采全集》筑摩學藝文庫
《尼采全集》理想社
《尼采全詩集》秋山英夫／富岡近雄 譯 人文書院

Friedrich Nietzsche Menschliches,Allzumenschliches ANACONDA
Friedrich Nietzsche Jenseits von Gut und Bose ANACONDA
Friedrich Nietzsche Der Wanderer und sein Schatten ANACONDA
Friedrich Nietzsche Smatliche Werke Der Wille zur Macht Kroner
Friedrich Nietzsche Samtliche Werke Die Unschuld des Werdens Kroner
Friedrich Nietzsche Morgenrote u.a. dtv
Friedrich Nietzsche Die frohliche Wissenschaft Reclam
Friedrich Nietzsche Der tanzende Stern ANACONDA
Friedrich Nietzsche Also sprach Zarathustra GOLDMANN KLASSIKER

參考書籍名稱以及章題名，均是根據筑摩學藝文庫全集的翻譯名稱。
したがって、前著では「人間的な、あまり人間的な」としていた題名を
本作では「人間的、あまりに人間的」に改めた。

Neo Reading 05

# 超譯尼采II〔新版〕

超訳ニーチェの言葉II

作　　者／尼采
編 譯 者／白取春彥
譯　　者／楊明綺
企劃選書／徐藍萍
責任編輯／賴曉玲、張沛然
版　　權／吳亭儀、江欣瑜
行銷業務／黃崇華、賴正祐、郭盈均、華華
總 編 輯／徐藍萍
總 經 理／彭之琬
發 行 人／何飛鵬
法律顧問／元禾法律事務所 王子文律師
出　　版／商周出版
地址：台北市南港區昆陽街16號4樓
電話：(02) 2500-7008　傳真：(02)2500-7759
E-mail：bwp.service@cite.com.tw
發　　行／英屬蓋曼群島商家庭傳媒股份有限公司城邦分公司
台北市南港區昆陽街16號5樓
書虫客服服務專線：02-2500-7718．02-2500-7719
24小時傳真服務：02-2500-1990．02-2500-1991
服務時間：週一至週五09:30-12:00．13:30-17:00
郵撥帳號：19863813　戶名：書虫股份有限公司
讀者服務信箱：service@readingclub.com.tw
城邦讀書花園：www.cite.com.tw

香港發行所／城邦（香港）出版集團有限公司
香港灣仔駱克道193號東超商業中心1樓
E-mail：hkcite@biznetvigator.com
電話：（852）25086231　傳真：（852）25789337
馬新發行所／城邦(馬新)出版集團
Cité (M) Sdn. Bhd.
41, Jalan Radin Anum, Bandar Baru Sri Petaling,
57000 Kuala Lumpur, Malaysia
電話：（603）90563833　傳真：（603）90576622
email:cite@cite.com.my

版面／版型設計／張福海
內文排版／浩瀚電腦排版公司
印　　刷／卡樂彩色製版印刷有限公司
總 經 銷／聯合發行股份有限公司
地址／新北市231新店區寶橋路235巷6弄6號2樓
電話：(02) 2917-8022　傳真：(02) 2911-0053

■2013年6月27日初版
■2023年1月31日二版
■2024年5月16日二版4刷
定價／380元
ISBN 978-626-318-558-6


Printed in Taiwan

國家圖書館出版品預行編目

超譯尼采. II：權力.意志／尼采著；白取春彥編
譯；楊明綺譯 . -- 二版. -- 臺北市：商周出版：英
屬蓋曼群島商家庭傳媒股份有限公司城邦分公司發
行；2023.02
　　面；　公分
譯自：超訳ニーチェの言葉.II
ISBN 978-626-318-558-6（精裝）

1.CST: 尼采(Nietzsche, Friedrich Wilhelm, 1844-
1900) 2.CST: 學術思想 3.CST: 哲學

147.66　　　　　　　　　　　111021986

超訳ニーチェの言葉II 白取春彥
"CHOYAKU NIETZSCHE NO KOTOBA II" by Haruhiko Shiratori
Copyright © 2012 by Haruhiko Shiratori
Original Japanese edition published by Discover 21, Inc., Tokyo, Japan
Complex Chinese edition is published by arrangement with Discover 21, Inc.
Traditional Chinese translation copyright © 2013 by BUSINESS WEEKLY PUBLICATIONS,
a division of Cite Publishing Ltd.
All Rights Reserved.